TABLE

...cité des Segmens des Tonneaux, ...grand diametre est de 100 par-...les.

...ETRE DES FONDS.

... 60 ... 70 ... 80 ... 90 ... 100

DIAMETRE DES ...

Hauteurs des Segmens.	50	60	70	80
	Cent dix mill.	Cent dix mill.	Cent dix mill.	Cen dix m...
21	9. 19	9. 89	10. 99	12.
22	10. 19	10. 97	12. 09	13.
23	11. 25	12. 07	13. 21	14.
24	12. 36	13. 21	14. 34	15.
25	13. 51	14. 39	15. 52	16.
26	14. 70	15. 61	16. 73	17.
[illegible]	16. 04	16. 84	13. 04	10.

EXERCICES

ORTHOGRAPHIQUES

SUR

LA GRAMMAIRE ÉLÉMENTAIRE.

EXERCICES
ORTHOGRAPHIQUES

SUR LA

GRAMMAIRE FRANÇAISE

ÉLÉMENTAIRE,

Des Sœurs

DE LA PRÉSENTATION DE MARIE.

AVIGNON,

L. AUBANEL, IMPRIMEUR DE L'ARCHEVÊCHÉ.

—

1845

EXERCICES ORTHOGRAPHIQUES

SUR

LA GRAMMAIRE FRANÇAISE ÉLÉMENTAIRE.

PREMIÈRE PARTIE.

PREMIER EXERCICE. (Grammaire, no 7.)

Les Élèves copieront les substantifs ci-dessous et, auront soin de mettre exactement l'orthographe, les accens et la ponctuation.

Couvent, pensionnat, séminaire, noviciat, école, classe, étude, application, travail, science, vertu, récompense, grammaire, orthographe, géographie, papier, plume, canif, crayon, règle, transparent, cahier, écriture, lecture, calcul, arithmétique, catéchisme, maintien, ordre, silence, attention, exactitude, politesse, douceur, prévenance, affabilité, couture, broderie, aiguille, dé, étui, épingle, fil, coton, soie, laine, canevas, dessin, mousseline, calicot, jaconas, indienne, toile, mérinos, escot, serge, bourse, pelotte, adresse, gaucherie, lenteur, paresse, nonchalance, négligence, fainéantise, activité, vivacité, sensibilité, santé, âme, esprit, mémoire, jugement, volonté, amitié, tendresse, affection, indifférence, froideur, haine, aversion, habileté, ignorance, timidité, hardiesse, humeur, honneur, honnêteté, enjouement, gaieté, mélancolie, tristesse, chagrin, ennui, joie, plaisir, jouissance, colère, émotion, orgueil, humilité, vanité, arrogance, insolence, hauteur, insouciance, inondation, incendie, dévastation, calamité.

2e **EXERCICE**. (Gram. n°s 8—9.)

Le devoir ci-dessus ayant été corrigé, les Élèves le transcriront, et placeront d'elles-mêmes devant les substantifs, les articles le, la l', *comme il est expliqué au n° 9.*

3e **EXERCICE**. (Gram. n_o 7.)

Maison, jardin, écurie, cave, grenier, bâtiment, mur, muraille, toit, ardoise, tuile, chambre, cabinet, cuisine, bassin, étang, réservoir, blé, seigle, riz, avoine, orge, pain, vin, viande, bœuf, mouton, porc, huile, beurre, fromage, œuf, lentille, pois, haricot, courge, melon, concombre, lampe, quinquet, lanterne, encre, encrier, tête, oreille, cou, épaule ; main, poignet, poing, doigt, pied, cheville, menton, langue, œil, sourcil, paupière, joue, mâchoire, dent, gencive, jambe, corps, habit, sel, poivre, anchois, poisson, fleuve, rivière, batelier, patron, matelot, pilote, cocher, prudence, charité, modestie, obéissance, soumission, antipathie, aversion, aigreur, ressentiment, ingratitude, reconnaissance, légèreté, animosité, langueur, frayeur, peur, poltronnerie, renommée, réputation, rancune, vengeance, hibou, héros, hasard, heure, minute, moment, instant, gentillesse, bassesse, tromperie, maladie, médecin, remède, purgation, vésicatoire, cautère, fièvre, rhume, rhumatisme, amabilité, effroi, innocence, souhait, désir, empressement, année, jour, mois, semaine, temps, paradis, enfer, éternité.

4e **EXERCICE**, (Gram. n°s 8—9.)

Le devoir ci-dessus étant corrigé, les Élèves le transcriront en *plaçant d'elles-mêmes, devant chaque substantif, l'un des articles* le, la, l'.

5e **EXERCICE.** (Gram. n° 15—16.)

Les Élèves distingueront le genre des substantifs ci-dessous, et pour cela, elles plieront leur papier en deux colonnes, mettant sur la première les subst. masc., et sur la seconde les subst. fém. Elles joindront à chaque substantif l'un des articles le, la, l'.

Monde, ciel, firmament, soleil, lune, étoile, planète, comète, terre, continent, île, montagne, colline, côteau, rocher, rue, océan, mer, flux, reflux, marée, fleuve, rivière, étang, courant, ruisseau, source, fontaine, embouchure, confluent, lac, marais, bourbier, mare, météore, atmosphère, air, vent, pluie, neige, orage, glace, nuage, nue, brouillard, tempête, grêle, naufrage, navigation, voyage, agriculture, moissonneur, pioche, bêche, charrue, faucille, faulx, or, argent, fer, cuivre, étain, mercure, bronze, acier, pierre, marbre, albâtre, chaux, mortier, ciment, plâtre, gypse, soufre, craie, sable, verre, gravier, caillou, grès, cendre, potasse, lessive, linge, étendoir, lavoir, battoir, chauderon, cuvier, panier, corbeille, journée, payement, étrenne, étourderie, sottise, sévérité, réprimande, caprice, entêtement, opiniâtreté, dépit, grimace, bouderie, ingratitude, honneur, honte, mépris, gloire, confusion, pauvreté, indigence, charité, pitié, compassion, ramage, blanchissage, chauffage, éclairage, aliment, boisson, vêtement, eau, liqueur, café, sirop, orgeat, maigreur, grosseur, largeur, épaisseur, laideur, beauté, difformité, défectuosité, vertu, patience, douceur, aménité, sagesse, modestie, vice, défaut, faiblesse, repentir. Abandon, compassion, question, ardeur, cachet, bouclier, épée, sabre, fusil, pistolet, armée, armement, régiment, bataillon, légion, bâton, prison, verrou, guichet.

(8)

6ᵉ **EXERCICE**. (Gram. nᵒˢ 17—18—19.)

Les Élèves mettront au pluriel, les articles et les substantifs ci-dessous.

Le royaume, l'empire, la monarchie, l'état, le gouvernement, la contrée, la province, le département, la ville, la capitale, le village, le hameau, le souverain, le roi, l'empereur, le prince, le dauphin, le duc, le comte, le seigneur, la reine, l'impératrice, la princesse, la dauphine, la duchesse, la comtesse, le courtisan, le flatteur, le conseiller, l'ami, le confident, la société, la réunion, l'assemblée, la nation, le peuple, l'armée, le directeur, le professeur, un affront, une affliction, une punition, une correction, une portion, un légume, un fagot, un sarment, un bûcheron, une pension, une attention, une permission, une commission, une convulsion, une potion, une passion, une caution, une persécution, une tracasserie, une pétition, une fluxion, une réflexion, une hôtellerie, un hôtelier, une hôtesse, un officier, un présent, une offrande, un cadran, une montre, une pendule, une horloge, une coquille, une répétition, une charrette, un cabriolet, une carriole, un char, un carrosse, un carton, une décision, un arrêt, un baudet, un mulet, un pâté, un écrit, un dessin, une résolution, un dessein, un projet, une idée, un désir, une désolation, une instruction, une perfection, une omission, une dérision, un pot, une peau, un chou, un cheval, un animal, un agneau, un hibou, un loup, une chèvre, une plante, un grenadier, le respect, l'hommage, l'attention, la fonction, le poulet, la poule, la fontaine, le chêne, la chaîne, le gland, le cyprès, l'ormeau, le paysage, la prairie, le pré, la jonquille, la tulipe, l'escargot, le limaçon, le ver, l'insecte, le serpent, la grenouille, le lézard, l'anguille, le brochet, l'alause, le moucheron, l'abeille.

(9)

7e **EXERCICE.**

Pour trouver la terminaison de la plupart des substan-tifs, il n'y a qu'à chercher leurs dérivés, ainsi, par exem-ple, je vois que le mot danger se termine par un r, parce que son dérivé est dangereux. Les élèves complèteront les mots ci-dessous d'aprèst eur dérivation.

Le dépar.., la par:., le retar.., le regar.., le hazar.., le far.., le lar.., le dar.., le quar.., le fer, l'argen.., le plom.., le dra.., le galo.., le chan.. de fromen.., le chan.. du lino.., le berge.., l'étrange.., le bouche.., le boulange.., l'orangé.., le ra.., le canar.., le pla-car.., le déga.., le solda.., le déba.., le débi.., le repo.., le do.., la do.., le cri.., le pli.., le dépi.., le crédi.., le pari.., le défi.., le commi.., l'accor.., l'accro.., le dégoû.., le bavar.., le bouvie.., le fusi.., le persi.., l'acqui.., le crapau.., le froi.., le chau.., l'effroi.., le marchan.., le commerçan.., le paren.., le procè.., le succè.., le rabai.., le balai.., l'apprê.., le prê.., le lai.., le tami.., le transpor.., l'écri... le valé.., l'exprè.., le méchan.., le sournoi.., le grivoi.., le sour.., le mué.., le dévo.., le bigo.., le gigo.., le ballo.., le gourman.., le blon.., le vagabon.., le moribon.., le bonbon.., le dou.., le corp.., le sa-voyar.., le suédoi.., l'alleman.., le françai.., le bourgeoi.., l'anglai.., le pay.., le fou.., le fron.., le grelo.., l'ar.. de plaire, l'ar.. de triomphe, le pié.., le dange.., le rô.., le furé.., le tapi.., le matelo.., le traca.., le fraca.., le profi.., le ressor.., le sor.., le mon.., le pon.., le parfun.., l'encen.., l'engrai.., le refu.., l'avi.., le magistra.., le préla.., le souhai.., le chocola.., le rappor.., le suppor.., le frui..!, l'appui.., le plan.. d'olivier, le plan.. de la ville, le clima.., l'embarra.., le boi.., le bra.., le dama.., le pui.., le trépa...

8e **EXERCICE.** (Gram. nos 8—9.)

Les élèves distingueront les articles, en tirant un trait de plume au-dessous.

Je viens du champ, je vais à la vendange. Je vois

1.

l'enfant, nous recevons une visite. Thomas veut de l'argent, il va au cabaret. Vous achetez le raisin et le melon du jardinier. Nous louons la remise, la cave et l'écurie. Vous prenez l'avis, vous suivez le conseil du maître et de la maîtresse. Tu comprends la règle, tu écris bien le mot, tu auras la récompense. Elles vont à l'école plus volontiers qu'à la promenade. Elles reviennent du bain et retournent au bois. Elles font une aumône à la pauvre femme. Je donne une leçon à la nouvelle venue. Tu écriras à la plus ancienne élève. Tu rendras un service essentiel à la voisine. Tu donneras la corbeille au vannier. J'irai à la foire; je porterai un mandat au marchand. Il portera de l'étoffe au tailleur et à la lingère. J'entends le tonnerre; tu vois l'éclair. Elle va au sermon, elle a de la vertu. Les ouvriers travaillent à la fontaine. Tu consoleras le petit malheureux. Nous donnerons du secours au pauvre étranger. Elle frappe à la porte. Je blâme l'action de l'élève. Je loue la repartie de l'enfant. Tu recherches le plaisir, tu fuis la peine. Je connais l'ami du professeur. Nous cueillons le fruit de l'amandier. Tu offriras un bouquet à la princesse. Je donnerai mes ordres au cuisinier et à l'économe. Il te demande une pomme. Voilà du melon. Elle se plaint du voyageur.

9ᵉ **EXERCICE**. (Gram. nᵒ 19.)

Les Élèves mettront au pluriel les articles et les substantifs ci-dessus.

10ᶜ **EXERCICE**. (Gram. nᵒ 20.)

Les Élèves mettront au pluriel les substantifs ci-dessous, après les avoir transcrits au singulier.

L'agneau, le veau, le taureau, l'oiseau, le moineau, le cerveau, le caveau, le rideau, le bureau, le radeau, le fuseau, le bateau, le flambeau, le bourreau, le trousseau, le fourneau, le gâteau, le rateau, le fardeau, le traîneau, le manteau, le pin-

ceau, le marteau, le couteau, le fourreau, le godi-
veau, le louveteau, le lapereau, le plateau, le cadeau, le drapeau, le seau, le pruneau, l'anneau,
l'eau, le bandeau, le cerceau, le troupeau, le côteau, le tombeau, le tonneau, le passereau, le che-
vreau, la peau, le boyau, le noyau, le joyau, le
hoyau, le chou, le pou, le caillou, le hibou, le
bijou, le joujou, le genou, le trou, le clou, le
verrou, le licou, l'écrou, le filou, le fou, le sou,
le cheveu, le neveu, le jeu, le vœu, le feu, l'aveu,
le désaveu, le pieu, l'essieu, le lieu.

11e **EXERCICE.** (Gram. n° 21.)

Les Élèves mettront au pluriel les substantifs ci-dessous.

Le cristal, le canal, le mal, l'animal, le végétal,
le minéral, l'arsenal, le confessional, le caporal,
le métal, le corporal, le cheval, le métal, le fanal,
le local, le bocal, le vassal, le capital, l'amiral, le
général, le cardinal, le signal, le quintal, le journal, le tribunal, l'hôpital, le provincial, le provençal, le radical, l'original, le rival, le travail,
le soupirail, l'émail, le bail, l'ail, le portail, l'épou-
vantail, l'éventail, le bétail, l'attirail, le camail, le
gouvernail, le carnaval, le bal, le régal.

12e **EXERCICE.** (Gram. n° 19   20   21   22.)

Les Élèves mettront au pluriel les substantifs ci-dessous.

Le chien, le chat, le loup, la brebis, la souris,
le palais, le hibou, le moineau, le joujou, le vœu,
le souhait, la voix, la croix, le cheval, la jument,
la dent, le gant, le diamant, le bâtiment, le régiment, le commandement, la perdrix, la caille,
la fourmi, le puits, le décès, l'abcès, le cyprès,
l'animal, le général, le carnaval, le soupirail, le
travail, le portail, le détail, le bal, le régal, le
journal, le nez, le riz, la noix, l'épouventail, la
chaîne, le chêne, le platane, le tilleul, le métal,
l'émail, l'ail, le bétail, le bail, le canal, le ca-

mail, le perdreau, l'eau, le mal, le noyau, le car-
reau, le gigot, le veau, le souci, le chameau, le
dromadaire, l'éléphant, le prix, le discours, le
velours, le taffetas, le cadenas, le neveu, le jeu,
l'essieu, le bijou, le genou, le trou, le licou, le
caillou, le chou, le filou, le fou, le sou, le chapeau, le ruisseau, le coffre, le lambeau, le désaveu, le ruban, le commandement, le fanal, la ba-
lance, la trompette, l'exprès, le balai, le marais,
le verrou, le secours, le tambour, la cigale, le
cigare, l'abus, le vernis, la gomme, l'enveloppe,
l'écorce, la peau, le pot, l'allumette, la girouette.

13e **EXERCICE**. (Gram. n° 24.)

*Les Elèves mettront la terminaison des qualificatifs ci-
dessous, selon la règle des dérivés.*

Un homme méchan, gourman, lége, frivol, inconstan, désobéissan, contrarian, méconten, bavar, babillar, indiscre, hardi, insolen, arrogan,
dur, insensible, fainéan, malpropre, dérangé, im-
poli, grossie, incivil, malhonnète, tracassie, violen,
emporté, rancunié, avare, indévo, sournoi, non-
chalan, indolen, ingra, vain, hautain, inhumain,
insoucian, désobligean, impatien, importun, ignoran, stupide, bossu, tortu, lour, lai, désagréable,
opiniâtre, entêté. — L'instituteur habile, savan,
pruden, indulgen, patien, sévère, exa, discré,
éclairé, vigilan, clairvoyan, assidu, affectionné,
zélé, sage, modeste, honnète, civil, poli, instrui,
charitable. — Le puits ron, carré, profon, obs-
cur, plein, vide, large. — L'habit noir, ver, gri,
bleu, rouge, cour, lon, étroi, joli, élégan, propre,
riche, brillan, orné, déchiré, sali, blanchi, rapiécé. L'enfant blon, caressant, prévenan, obéis-
san, obligean, gai, genti, turbulen, étourdi, charman. — Le gran chapeau, le peti tablier, le hau
clocher, le bain chau, le pays froi, le rosier fleuri,
le joli parterre, le parfum exqui, le récit intéressan,

le conte amusan , le mal accablan, l'espoir consolan.

14e **EXERCICE**. (Gram. no 28.)

Les Élèves mettront au féminin les qualificatifs ci-dessus, après qu'ils auront été corrigés.

15e **EXERCICE**. (Gram. no 27.)

Les Élèves mettront au masculin pluriel, et ensuite au féminin pluriel , les qualificatifs ci-dessus.

16e **EXERCICE**. (Gram. nº 27.)

Les Élèves mettront au pluriel les substantifs ci-dessous, avec les qualificatifs qui s'y rapportent.

Un ouvrage nouveau, le beau châle, le riche cadeau , le grand manteau, le vice capital, le conte immoral, le point final, l'officier municipal, l'événement fatal, le motif principal, le discours moral, le principe général, l'homme déloyal, l'exercice grammatical, le charretier brutal, le vent glacial, le cierge pascal, le four banal, le repas frugal, un air provincial, un usage provençal, un peuple septentrional, un pays méridional, un poême oriental, un procès-verbal, un principe fondamental, un point cardinal, un adjectif numéral, un poids décimal, un jugement doctrinal, un juge impartial, un témoin illégal, un siége épiscopal, un ornement sacerdotal, un notaire royal , un décret impérial, un garde national, un fou original, un son nazal, un combat naval, un soin spécial, un sirop pectoral.

17e **EXERCICE**. (Gram. nos 25—26.)

Les Élèves feront accorder les qualificatifs ci-dessous avec les substantifs auxquels ils se rapportent.

Ton père et ton oncle seront conten...; ta mère et ta sœur seront conten... ; Edouard et Rosine étaient conten,.. — Le curé et l'instituteur furent satisfai...; la dame et l'institutrice furent satisfai...; le maître et la maîtresse furent satisfai... — Pierre et Antoine étaient étranger...; Alodie et Claire étaient étranger,..; Charles et Marie étaient étranger... — Vous avez le pied et le genou enflé...; tu avais la jambe et la cheville enflé... — Joseph et Benoît étaient ravi... de voyager; Thérèse et Lucie furent ravi... de vous voir; Virginie et Urbain paraissaient ravi... de ce spectacle. — Nous avons un corbeau et un merle apprivoisé...; une linotte et un serin apprivoisé...; une corneille et une pie apprivoisé... — On a laissé la porte et la fenêtre ouver...; j'ai vu le jardin et le verger ouver...; elle dort la bouche et les yeux ouver... — Cet abricot et cette figue paraissent mûr... et prê... à être cueilli..; cette pomme et cette poire paraissent mûr... et prê... à être cueilli...; ce raisin et ce melon sont mûr... et prê... à être cueilli... — Henri porte la barbe et les cheveux très-cour... — Lucie a l'oreille et la voix fau... — Adrien a la tête et la poitrine fatigué... — André a le dos et le coup trop lon... — Voilà une jupe et une chemise trop étroi...; un corset et un tablier trop étroi...; une chaussette et un soulier trop étroi... — Mélanie et son frère sont plus fin..., plus rusé..., plus clairvoyan..., plus actif... que moi. — Rose et Prosper sont très-instrui... pour leur âge. — Elle a montré une prudence et un courage étonnan..., une sagesse et une intrépidité étonnan...; une patience et une générosité admirabl... — Vous avez une fille et un fils désobéissan... et entêté.

18ᵉ **EXERCICE.** (Gram. nᵒˢ 29 — 225 — 226.)

Les Élèves complèteront les qualificatifs ci-dessous, et les transcriront ensuite au féminin.

Un homme so, gra, épai, cruel, maladif, soucieu. — L'élève vif, attentif, spirituel, intelligen, studieu, appliqué. — Un mal temporel, continuel,

éternel. — Un ancien usage, un vieil habit, un
chapeau neuf, un vieu manteau. Le bel ornement;
le bon papier. — Le garçon mué, sour, estropié.
— L'écolier menteu, joueu, rapporteu, querelleu,
moqueu, railleu, parleu, voleu, jalou, orgueilleu,
vicieu, envieu, capricieu, honteu, confu, bilieu,
malheureu, curieu. L'élève soigneu, vertueu, laborieu. — Un dou plaisir, un fau bonheur. — Du
fil rou. — Un mal extérieu et intérieu. — Un talent supérieu. Le foudre vengeu. — Un homme
pécheu. — Le Dieu créateu, réparateu, redempteu
et rémunérateu. — Un jeune homme mineu ou
majeu. — Un livre dangereu. — Un front majes-
tueu. — Un sourire dédaigneu. — Un chien har-
gneu. — Un cheval rétif, l'esprit craintif, vindicatif, inventif, ingénieu. Le valet actif et respec-
tueu. — Un raisin tardif. Un conte instructif. —
Un abricot hâtif. — Un fléau dévastateu.— Un soin
excessif. — Un bras vengeu. — Un journal quo-
tidien. — Un religieu profè. — Un homme bouf-
fon. — Le cœur ba. — Le poil ra. — Un effort nul.
— Un discours bref.

19ᵉ **EXERCICE.** (Gram. nᵒˢ 29—225—226.)

*Les Élèves complèteront les qualificatifs ci-dessous, sui-
vant le genre et le nombre des substantifs auxquels ils sont
joints, en observant de mettre l'article des devant le substantif suivi du qualificatif, et l'invariable de ou d' devant
le qualificatif suivi du substantif.*

DES maisons magnifiques. — DE magnifiques
maisons. — D.. jardins superbe.. — D.. superbe
jardins. — D.. bocages frai. — D.. frai bocages. —
D.. soldats hardi et vaillan. — D.. hardi et vaillan
soldats. — D.. sapins hau et vigoureu.—D.. hau et
vigoureu sapins. — D.. fruits excellen. — D.. excellen fruits. — D.. vallées rian... — D.. rian..
vallées. — D.. parures brillan. — D.. brillan parures. —D.. paroles indiscrèt. — D.. indiscrèt paroles. — D.. richesses immense. — D.. immense

richesses. — D.. merveilles étonnan. — D.. étonnan merveilles. — D.. malheureu enfans. — D.. enfans malheureu. — D.. chaleurs excessive. — D.. excessive chaleurs. — D.. panaches blan. — D.. blan panaches. — D.. récits plaisan. — D.. plaisan récits. — D.. lon.. bras. — D.. bras lon. — D.. fau plaisirs. — D.. plaisirs fau. — D.. fade jouissances. — D.. jouissances fade. — D.. splendide festins.— D.. festins splendide. — D.. soirées froi et humide. — D.. froi et humide soirées. — D.. adroits filous. —Des filous adroi. — D.. espérances vaine. — D.. vaine espérances. — D.. joies pur et délicieu. D.. pur et délicieu joies. — D.. frivol amusemens. — D.. amusemens frivol. — D.. vignobles fertil.— D.. fertil vignobles. — D.. enfans gai et joli.— D.. gai et joli enfans. — D.. gentil demoiselles. — D.. aimable personnes. — D.. des routes tortueu. — D.. tortueu sentiers. — D.. hommages solennel.— D.. solennel hommages. — D.. profon respects. — D. charman paysages. — D.. amusan lectures.—D.. pauvres femmes. — D.. talens rare. — D.. rare talens. — D.. épouvantable catastrophes. — D.. ridicules prétentions. — D.. affreu malheurs. — D.. éclatante victoires, — D.. triomphes glorieu. —D.. ver prairies. — D.. méchan garçons. — D.. ouvrages merveil'eu. —D.. agréable climats. —D.. saint prélats. — D.. douleurs cruel. — D.. amer chagrins. — D.. réprimandes sévère. — D.. couleurs changean.. — D.. verdoyan bosquets. — D.. odoran citronniers. — D.. florissan chrétientés. — D.. blanche couronnes. — D.. adieux attendrissan. — D.. discours lamentable. — D.. abondan aumônes. — D.. fruits abondan. — D.. large fossés. —D.. étroi prisons. — D.. paroles étrange. — D.. étrange paroles.

RÉCAPITULATION

SUR L'ACCORD DES ADJECTIFS QUALIFICATIFS.

Les Élèves corrigeront les fautes qu'elles reconnaîtront dans les qualificatifs ci-dessous, et les feront accorder avec les substantifs auxquels ils se rapportent.

Les Français sont poli, actif, spirituel, vaillan, gai, hospitalie; ils ont l'imagination vives, ardentes; ils sont habil à la guerre, industrieu dans la paix; mais ils passent pour légé, frivol et inconstan.

Les Anglais sont brave, inventif, gran politique et habile navigateur. La hautes classe est honnêtes et généreuse, la basse est grossières et insolentes.

Les Allemands sont gran, robuste, sincère, laborieu, mais peu sobre.

Le Belge est belliqueu, brave, probe, courageu, bon catholique, et d'une propreté remarquables.

Les Russes sont d'une taille moyennes, fort, robuste, bon soldats; mais paresseu et d'une humeur serviles.

Le Suédois est poli, laborieu, courageu, capables des plus grande fatigues, jalou de l'honneur, amateur des sciences et des arts.

Le Lapon est très-peti, lai, difforme, paresseu, ignoran, sale, et presque sauvages. Il passe l'été dans de vile cabanes et l'hiver dans des antres souterrain.

Les Italiens sont civil, hospitalie, excellen musicien, de mœurs douce; mais ils passent pour vindicatif, dissimulé, et plus superstitieu que dévo.

Les Espagnols sont sobre, patien, spirituel, bon navigateur, mais traître et fort paresseu.

Le Suisse est robustes, fidèles, droi, simples, naïf et très-attachés à son pays.

20e **EXERCICE**. (Gram. No 3o.)

Les Élèves feront accorder les pronoms avec les subs-
tantifs dont ils tiennent la place.

Voilà un enfant *qui* pleure ; allons *l..* parler, *l..*
consoler ; *il* essuiera ses larmes. — Voilà des enfans
qui pleurent ; allons *l..* parler, *l..* consoler ; *il* es-
suieront leurs larmes. — Ce pommier est couvert de
fleurs, *il* portera beaucoup de fruits. — Ces pom-
miers sont couverts de fleurs, *il* porteront des fruits.
— Tes cousines ont perdu leurs livres ; *el..* deman-
dent *ce...* de Claire. — Mes poires sont plus grosses
que *les tien...* ; et *ce...* de Flore sont meilleures que
les no... — Les élèves étudient ; *il* réciteront bien ;
il.. feront des progrès et nous *l..* récompenserons au
lieu de *l...* punir ; nous *l..* louerons au lieu de *l...*
adresser des reproches. — Henriette étudie ; *el..* récitera bien, *el..* fera des progrès, et *je l..* récompenserai au lieu de *l..* punir ; *je l..* louerai au lieu de
l.. adresser des reproches. — Les maîtresses regar-
dent autour d'*el..*, *el..* paraissent mécontentes ; de-
mandez-*l..* ce qu'*el..* désirent. — Les rossignols chan-
tent ; *il..* construisent leurs nids, *il.. l..* tapissent avec
de la bourre et *il..* y déposeront leurs œufs. — Ce
fruit n'est pas mûr ; prends *cel...-ci*, *il..* sera meilleur.
— Ces fruits ne sont pas mûrs ; prends *ce...-ci*, *il..*
seront meilleur. — Ne cueille pas ces roses, choisis
cel...-ci, *el..* sont plus belles. — Tes crayons ne valent rien ; essaie *l.. mien..* ou *c...* de Rosa ; *il..* paraissent bons. — Tes pantoufles sont plus jolies que *l..*
mien... — J'ai vu votre jardin, *il..* est plus vaste que
l.. nôt.., mais *ce..* de Philippe est mieux cultivé que
l.. vôt.. — Voilà une fille studieuse ; encouragez-*l..*,
donnez-*l..* des images ; *el.. l..* conservera soigneuse-
ment. Arrosez ces arbustes, *il..* pareront votre parterre. — Voyez ces hommes ; *il* vont, *il..* viennent,
il.. entrent, *il..* sortent, *il..* courent, *il..* s'arrêtent ;
il.. ne savent ni ce qu'*il..* disent ni ce qu'*il* font.
— Vos plumes ne valent pas *cel..* de Julie et *ce..* de

Julie ne valent pas *l.. mien..* — Voici votre amie ;
ouvrez-*l..* porte, faites-*l..* entrer, présentez-*l..* une
chaise, offrez-*l..* des rafraîchissemens, et tâchez de
l.. consoler, de *l..* distraire du moins, de la perte
qu'*el..* vient de faire. Voici vos amies, ouvrez-*l..* la
porte, faites-*l..* entrer, présentez-*l..* des chaises,
offrez-*l..* des rafraîchissemens, et tâchez de *l..* consoler, de *l..* distraire du moins, de la perte qu'*el..*
viennent de faire.

2 1ᵉ **EXERCICE**. (Gram. Nᵒˢ 34—38.)

*Les Élèves placeront les lettres majuscules selon la
règle.*

On divise la terre en cinq parties principales qui
sont : l'europe, l'asie, l'afrique, l'amérique et l'o-
céanie. les villes les plus remarquables de l'europe
sont, paris en france, londres en angleterre, rome
en italie et constantinople en turquie. adam et eve
sont nos premiers parens. joseph et suzanne furent
des modèles de chasteté ; job est un miroir de patience et de résignation à la volonté de dieu. il y
a trois personnes en dieu : le père, le fils et le saint-
esprit. jésus-christ est né à bethléem sous l'empire
d'auguste ; il a vécu inconnu à nazareth, petite ville
de galilée, l'espace de trente ans, et, après avoir
prêché l'évangile dans toute la judée, il a été cru-
cifié à jérusalem sous ponce-pilate qui gouvernait
alors pour les romains. le seigneur donna sa loi aux
hébreux, sur la montagne de sinaï. on estime les vins
de bourgogne et de champagne, les vinaigres d'or-
léans, les dragées de verdun, le miel de narbonne,
le beurre de bretagne, les marrons de lyon, les
jambons de bayonne, les indiennes de rouen, les
dentelles de valenciennes, les papiers d'annonay,
les savons de marseille, et les fruits du midi de la
france. clovis est le premier de nos rois qui ait
embrassé le christianisme ; il fut baptisé par saint-
rémy, évêque de reims. saint louis de gonzague a
été donné pour patron à la jeunesse chrétienne par

le souverain pontife benoît xiii. lucien, adolphe, mélanie et gertrude sont d'aimables enfans qui se distinguent par leur tendre dévotion envers la très-sainte vierge marie. henri montre du goût pour l'étude de l'histoire et de la géométrie. lucette a cueilli des fleurs pour en faire une couronne à l'enfant jésus.

22e **EXERCICE**. (Gram. N° 39.)

Les Élèves placeront les articles le, la, les, l', du, des, au, aux, un, une, *suivant le sens des phrases ci-dessous.*

J'ai vu donner.... prix.... enfans.... village.... — Il va.... couvent pour vendre.... fruits... jardin qu'il a loué... bout de... ville. — Jésus-Christ est descendu... ciel pour... salut... hommes; il a brisé... puissance... esprits malins. — Dieu donne à tous.... moyens de salut, ...petits comme.... grands, ... ignorans comme... savans, ... pauvres comme.... riches, ... hérétiques comme.... fidèles, ... barbare comme à... homme civilisé, ... sauvage comme à... habitant.... cités. — .... enfant docile est.... joie de sa mère. —.... homme obéissant vaut mieux qu'.... homme vaillant. —... enfans que j'ai vus étaient très-attentifs,... paroles.... maître et très-soumis... volontés... surveillant.—Nous avons vu.... lion énorme et.... tigre furieux qui ont effrayé.... femmes... quartier. — On arrive.... champs et on retourne... vendanges. — ... humiliations, ... mépris, ... épreuves ne doivent point abattre.... courage d'... chrétien. —.... esprit.... cœur.... mœurs..... caractère, tout gagne à... culture. —.... corruption... mœurs..., perte de... foi..., irréligion sont... source de... plupart... maux qui affligent... humains. — Nous connaissons... habitans... hameau qui fréquentent,... paroisse, et qui ont... confiance... curé. — Fréderic a... beau jardin avec.... charmante volière. — Voilà... lait..., gâteau et... fraises délicieuses pour... goûter... élèves. —... enfant pieux sera béni... Seigneur. Recommandons-nous.... prières... saints. — Ne refusez

jamais... aumône.... pauvres. — Portez... pain et de...
ouvrage... filles... meunier. — Mettez de... huile...
quinquets. — N'écoutez point... portes. — Puisez de...
eau à... fontaine. — Donnez... vin... soldats. — Re-
courez... lumières... autres. — ... humilité est... fon-
dement... vertus. — ... oisiveté est... mère de tous...
vices. — ... Intempérance tue plus d'hommes que...,
abstinence et... jeûne.

23ᵉ **EXERCICE.** (Gram. Nº 42.)

*Les Élèves désigneront les adjectifs possessifs en tirant
un trait au-dessous à mesure qu'elles copient.*

J'ai terminé mon devoir; ma tante sera satisfaite
de mon cahier et de ma broderie. — Mélanie copie
son analyse dans ton livre. — Rose a perdu son aiguille et sa soie; elle n'ose le dire à sa sœur. — J'ai
vu ton oncle et ta cousine, ils viendront demain
avec ton frère et ta nièce. — Je couperai mon bonnet
et mon corset; je coudrai ma robe et ma pélerine
parce que ma sœur est malade. — André est tout
fier de son bel habit neuf et de son beau cheval
blanc. — Elise garde son chagrin avec son secret;
elle regrette fort son amie et sa cousine. — Auguste
demande sa clef; il veut renfermer son livre et sa
carte de géographie. — Votre oncle et votre tante
viennent d'arriver avec leur fils et leur fille; ils ont
envoyé leur domestique et leur cheval à l'hôtel.
— Vous enverrez notre aumône à notre ancienne
protégée. — Votre plume métallique est usée. — Votre joli cahier bleu est tâché. — Notre giroflée rouge
est très-jolie. — Claire et Albine ont porté leur
offrande à l'autel de Marie. — Ernestine a terminé
sa belle tapisserie et son charmant paysage; elle en
a fait cadeau à son amie. — Thérèse souffre son mal
et supporte sa peine avec une patience héroïque.
— J'ai ourlé votre mouchoir noir et ma jupe bleue.
— Nous apprécions bien plus son mérite et sa vertu
que son sublime talent. — Eliza fait sa prière comme

un ange, elle remplit son devoir avec exactitude.
—Henriette et Paul n'ont pas su leur leçon parce
qu'ils n'ont pas étudié ; leur professeur en est indigné.
— Blanche a montré à sa maîtresse, son cahier d'é-
criture, sa belle garniture et son charmant ta-
bouret.

24e **EXERCICE**. (Gram. N° 42.)

*Les Élèves mettront au pluriel les adjectifs possessifs ci-
dessus, ainsi que les substantifs auxquels ils sont joints.*

25e **EXERCICE**. (Gram. N° 43.)

*Les Élèves copieront les phrases ci-dessous, marqueront
d'un trait les adjectifs démonstratifs, et les compléteront
suivant le genre des substantifs auxquels ils sont joints.*

Ce... ange éclatant de lumière. C... séraphin brû-
lant d'amour. C... homme habile et laborieux. C..
cheval rétif et ombrageux. C... aimable et vertueuse
personne. C.. arbre toujours vert. C.. arbrisseau couvert de fleurs. C.. femme économe et rangée. C..che-
min fleuri. C.. route tortueuse. C.. ornement ponti-
fical. C..manteau bleu. C..plan horizontal. C.. ouvrage
sentimental. C... évènement fatal. C.. devoir épiscopal. C.. agréable climat. C... palais somptueux. C..
maison ruinée. C.. élégante parure. C.. officier plein
de bravoure. C.. vaillant capitaine. C.. hardi marin.
C.. hommage respectueux. C.. respect filial. C.. vent
glacial. C.. pain bénit. C.. eau bénite. C..talent supé-
rieur. C.. cœur généreux. C.. âme loyale et candide.
C.. esprit fin et rusé. C.. savant et pieux cardinal.
C.. général expérimenté. C.. orgueilleuse créature.
C.. étroit et long canal. C.. rival dangereux. C.. esti-
mable négociant. C.. point final. C.. intrépide caporal. C.. homme droit et loyal. C.. pays fertile.
C..journal instructif et amusant. C.. femme étourdie
et légère. C.. affaire embrouillée. C.. combat naval.
C.. effrayante figure. C.. voix menaçante. C.. poids
décimal. C.. pois odorant. C.. tribunal sévère et im-

partial. C.. travail pénible. C.. camail violet. C.. portail magnifique. C.. vaste hôpital. C.. honneur particulier. C.. superbe fanal. C.. esprit infernal. C.. étroit soupirail. C.. héros expirant. C.. habile avocat. C.. emblême ingénieux. C.. extravagance inouie. C.. insolence insupportable. C.. insouciante élève. C.. admirable tableau.

26ᵉ **EXERCICE.** (Gram. No 43.)

Les Élèves mettront au pluriel l'exercice ci-dessus.

27ᵉ **EXERCICE.** (Gram. Nº 45.)

Les Élèves écriront en toutes lettres, les nombres ci-dessous.

1, 2, 3, 4, 5, 6, 7, 8, 9, 10, 11, 12, 13, 14, 15, 16, 17, 18, 19, 20, 21, 22, 30, 33, 40, 44, 45, 50, 56, 60, 67, 70, 71, 80, 82, 90, 94, 100, 104, 110, 200, 300, 1000; 2000, 3000, 100,000, 1,000,000, 2,000,000, 400,000,000, 1760, 1836, 1843.

28ᵉ **EXERCICE.** (Gram. Nᵒˢ 45 — 227.)

Les Élèves copieront l'exercice ci-dessous, et mettront en toutes lettres, les adjectifs numéraux exprimés en chiffres.

La France contient environ 25,000,000 d'habitans. — Un des plus célèbres édifices de la Chine est la tour de porcelaine, haute de 280 pieds et au sommet de laquelle on arrive par un escalier de 400 marches. — Charlemagne fut élu empereur l'an 800. On prétend que Salomon avait dans ses écuries 40000 chevaux d'attelage et 12000 chevaux de main. — On assure que les porte-faix de Constantinople portent un poids de 900 livres sur leurs épaules. — Je dois 280 francs à mon marchand et 86 à mon tailleur. — Avez-vous reçu les 20 chemises, les 15 mouchoirs et les 4 bonnets que je vous ai envoyés? Il y en a pour 180 francs. Avez-vous vu les 100 volumes que je viens d'acheter? Ils valent bien les

100 écus qu'ils me coûtent. Je vous envoie les 2000 plumes que vous me demandez. — Xercès, roi de Perse, vint attaquer les Grecs avec une armée de 11,00,000 combattans. — Charles 10 a régné en France depuis 1824, jusqu'en 1830. — Sur toute la surface du globe, il naît et il meurt 3000 personnes par heure. ⹀ La fameuse mine d'argent dans le Potosi a plus de 250 toises de profondeur. — On assure que Callimaque et Aristarque ont composé chacun plus de 1800 volumes. — Philippine est née en 1700 et elle est morte en 1780. — Paul fut malade depuis le 4 mai 1796 jusqu'au 25 septembre 1800. — Ces bijoux ne valent certainement pas les 20 louis qu'on vous en demande. Nous avons lu un trait fort intéressant dans le chapitre 80, page 600 du livre que vous m'avez prêté. Edouard a, aujourd'ui 15 janvier 1843, 21 ans accomplis, et sa sœur entrera demain dans ses 20. Dans plusieurs contrées on compte les distances par *mil...* : une de nos lieues vaut un peu moins de 3 mil... d'Angleterre. Les 9 mois que nous avons passés ensemble se sont écoulés rapidement. Laurence a loué une maison de campagne à 5 mil... de Milan. Il n'y a pas encore 6000 ans que le monde existe.

29ᵉ **EXERCICE**. (Gram. Nᵒˢ 51 — 52.)

Les Élèves mettront CES OU SES, LEUR OU LEURS, *suivant le sens des phrases ci-dessous.*

Ces bons enfans ont taillé leur.. plumes ; ils ont très-bien récité leu... leçon de géographie et leu... livret : ils seront sûrement récompensés de leu.. zèle et de leu.. constante application. —.... élèves aiment leu.. première Maîtresse comme leu... mère et elles chérissent leu.. compagnes comme leu.. sœurs. — Claire remplit ..... devoirs avec exactitude ; .... talens, ... vertus font la joie de .,... maîtresses et de ..... parens. — Nous étions dans le ravissement à la vue de ..... vastes et magnifiques plaines, de ..... campagnes

riantes, de ..... champs couverts de moissons, de .....
côteaux couronnés d'oliviers, de ..... vallons fleuris
entrecoupés de ruisseaux qui les fertilisent.—L'homme vertueux doit régler ..... désirs, ... goûts, ... travaux, ... paroles, ... actions, non sur les maximes
du monde mais sur celles de l'Evangile.—Apportez
ici ..... gravures, ... crayons, ... couleurs, ... pinceaux; nous ferons des paysages. — Vos élèves ont-
elle travaillé? Etes-vous contente de leu.. progrès?
Leu.. parens désirent savoir de leu.. nouvelle; en-
voyez-leur quelques-uns de leu.. dessin et de leu..
broderie; il jugeront eux-mêmes de leu... capacité.
⹀ Examinez ..... bijoux; vous conviennent-il? .....
boucles d'acier ont beaucoup d'éclat, ... pendants
sont très-riche; mais ... objets-là coûtent fort cher,
et je suis persuadée que vous préfèrerez à ..... bril-
lantes bagatelles, le délicieux plaisir de soulager la
pauvre Marguerite qui n'a que ..... deux bras pour
nourrir ..... sept enfans en bas âge. — Eudoxie a
perdu ..... cahiers et ..... livres; ..... devoirs en sou-
friront, et ..... compagnes perdront leu.. temps et
leu.. peines à l'aider dans ..... recherches. Si elle
mettait de l'ordre dans ..... effets, ... petits inconvé-
niens seraient moins fréquens. ⹀ ..... pauvres colons
virent de loin les sauvages piller leu.. maisons, ra-
vager leu.. champs, enlever leu.. troupeaux et leu..
récoltes, mettre le feu à leu.. plantations de café et
exercer ensuite leu.. barbarie sur leu.. deux infor-
tunés prisonniers. ⹀ J'ai vu Ernest cueillir ..... quatre belle pêches, les emporter dans ..... poches et les
manger avec ..... camarades. ⹀ Que deviendront.....
riches avare, ... savans orgueilleux, ... tyrans de
leu... frères, ... hommes de plaisir, quand il leur
faudra paraître devant Dieu et soutenir ..... regards
irrités?

3o^e **EXERCICE**. (Gram. N_o 59.)

Les Élèves mettront ce *ou* se, c' *ou* s', *suivant le sens des phrases ci-dessous.*

Ce prince *se* flatte. — ... général ... distingue. — Cet enfant... désole, il ... ennuie. — .. soldat... meurt des suites de ses blessures. — On ne doit... appliquer qu'à ... qui peut être utile. — Amélie ne ... met point en peine de faire ... qu'on lui recommande. —Ces hommes sans religion, ces impies de profession ... trouveront bien surpris à la mort, quand il ..., verront dépourvus de tout ... qui pourrait leur être utile. — ... qui fait le bonheur des peuples, ... est la religion pratiquée dans toute son étendue. — Craignez un Dieu vengeur et tout ... qui le blesse, ... est là le premier pas qui mène à la sagesse. —... est une chose louable de ... rendre utile à ... semblables. — ... enfant ... est fait mal en ... balançant sur ... banc. —La plupart des hommes au lieu de ... soulager, de ... consoler, de ... supporter, de ... aimer mutuellement, ... sont presque toujours haïs les uns les autres .... est le péché qui est la cause de ... mal. — ... sont les citoyens les plus vertueux qui ... sont montrés les plus dévoués pendant l'épidémie. —L'homme qui ... estime trop lui-même, ... fait mépriser des autres et ... prépare des regrets ; ... est le sort ordinaire de l'orgueilleux. — Le vent .... est fait sentir hier soir , et le tonnerre ... est fait entendre ce matin. — ... fut Grégoire qui commença à parler quand chacun ... fut assis. — ... était un de vos amis qui... était présenté, mais il ne ... est pas fait connaître. — ... sont nos alliés, qui les premiers, ... sont précipités sur l'ennemi. — Ces personnes ... vantent parce qu'elles ne... connaissent point.—... sera Joseph qui récitera le poème, quand il ... sera convenablement exercé. — On dit qu'il y a quatre jets d'eau dans votre jardin; ... doit être beau à voir. —Chacun de nous ... doit mutuellement des égards.

31e **EXERCICE**. (Gram. N°s 58 --- 60.)

Les Élèves mettront au pluriel les phrases ci-dessous.

Voilà un bel oranger : le tien, le sien, le mien ne sont pas si hauts. Antoinette et Sophie ont arrosé le leur qui est bien plus beau que le nôtre. — La rose est plus belle que l'œillet; cependant je préfère celui-ci à celle-là. — Le bon comme le méchant est exposé aux épreuves; mais celui-ci en abuse, tandis que celui-là en profite pour son salut. — Si mon travail est utile, le vôtre l'est encore plus. — Mon amie est arrivée; quand viendra la vôtre? Ton jardin est plus vaste que celui de Ferdinand; mais la maison de Ferdinand est plus ornée que la tienne. — Ta robe et la mienne sont de la même étoffe que la leur. Mon appartement est moins commode que celui de Coralie. — J'ai oublié mon livre, prêtez-moi le vôtre ou celui de Léonie. — Ta sœur est plus instruite que ton frère, parce que celui-ci ne fait que jouer, tandis que celle-là étudie sans cesse. — L'homme esclave de ses passions est infiniment plus à plaindre que celui qui gémit dans les fers; celui-ci n'a qu'un seul maître, celui-là a autant de tyrans que de désirs. — La solide vertu est préférable à un grand talent; celui-ci nous expose à l'orgueil, celle-là nous mérite la gloire du Ciel. — Ce jeune homme et sa sœur se sont rendus également recommandables; celle-ci par sa charité envers les pauvres, celui-là par sa rare capacité dans les affaires. — Son professeur est content; le tien et le mien le sont-ils aussi? Ta plume ne va pas; prends la mienne ou celle de Fanchette.

32e **EXERCICE**. (Gram. N° 61.).

Les Élèves mettront les mots qui, que, dont, lequel, duquel, laquelle, *suivant le sens des phrases ci-dessous.*

Ce magnifique sapin ... vous admirez la pyramide touffue et ... les branches servent d'abri aux animaux,

a été planté par mon aïeul. — J'achetterai l'outil ...
j'ai besoin et ... vous refusez de me prêter. — Antoine
cultive un champ.... il donne tous ses soins et pour
l'amélioration .... il ne néglige rien. — L'enfant à ....
vous apprenez à lire et ... vous donnez des soins,
n'est pas celui pour ... ou s'intéresse le plus. — La
personne à la... vous adressez vos hommages est
précisément celle pour la... vous avez refusé de vous
employer. — Voici une gravure ... m'a été donnée
par mon frère, le... l'avait reçue lui-même en récompense de son application. — .... est l'occupation à
la... vous vous plaisez de préférence ? — Le... choi-
sirez-vous de ces mouchoirs ? — La... prendrez-vous
de ces pommes? — L'élève ... je vous parle et ... vous
m'avez recommandé, est celui pour le... on sollicite
une place au collége. — Voilà une brochure dans
la.. vous trouverez des choses ... vous intéresseront.
— L'enfant à ... vous donnez une image et ... vous
me faites l'éloge a désobéi à son maître. — L'ouvrage
..... vous vous appliquez et ... vous désirez achever
ce soir, plaira beaucoup à la dame ... vous l'a demandé. — La statue à la.... vous attachez tant de prix
et .... vous refusez de vendre a été rapportée chez
vous. — Vous ne connaissez pas le danger.... vous
vous exposez en fréquentant les amies vicieuses .....
la société vous est si agréable et .... vous avez donné
votre confiance. — Voilà un cérisier .... on nous a
défendu de toucher. — Vous avez perdu le canif.....
vous vous serviez et .... votre amie vous avait prêté.

33e **EXERCICE**. (Gram. N° 61.)

*Les Élèves mettront au pluriel les substantifs ci-dessus,
et feront accorder les pronoms relatifs qui s'y rapportent.*

34e **EXERCICE**. (Gram. Nos 75 — 76 — 77.)

*Les Élèves désigneront le sujet en tirant un trait au-des-
sous, et feront l'accord du verbe.*

Je li.., tu écri.., ta sœur dor.. — Je parle.., tu

écoute.., l'enfant chante. — Je travaille, tu tricote, le maçon bâti. — J'écrivi, tu dessina, ton frère regarda. — Je copie l'analyse, tu taille la plume, la maîtresse dicte la leçon et corrigera le devoir. — Hier je marchai vîte, tu suivai lentement, l'enfant courai joyeusement. J'étudiai l'Histoire, tu chantai la romance, ton amie battai la mesure. — Elle parle, elle chante, elle ri, et ne travaille pas. — La semaine dernière je pri, tu pri, elle pri des bains. — Je souffri, tu souffri, elle souffri patiemment. La maîtresse désirerai que j'apprisse, que tu apprisse, qu'elle apprî la grammaire : elle veu que je revienne, que tu revienne, qu'elle revienne de la campagne. — Je croi en Dieu, j'espère en lui et je l'aime de tout mon cœur. — J'ai, tu a, elle a confiance en Marie ; je ser, tu ser, elle ser cette bonne mère. — Tu écrira le billet et ton frère le signera. — Tu compte ton argent, tu reçois tes rentes, tu joui de ton bien, tu aura du souci. — Tu regretta et tu pleura beaucoup ton amie. — Je voi, tu voi, elle voi le soleil. — Je sen, tu sen, elle sen la violette. — Je démen, tu démen, elle démen cette nouvelle. — Je plai, tu plai, elle plai au Seigneur. — Je ba, tu ba, elle battra le grain. — Je cour, tu cour, elle cour, rapidement. — Je fi, tu fi, elle fi un faux pas. — Je cousai, tu cousai, elle cousai des chemises. Je blanchissai, tu blanchissai, elle blanchissai du linge. Tu brodera, elle brodera cette rose.

35ᵉ **EXERCICE**. (Gram. Nᵒˢ 75 — 76 — 77.)

Les Élèves mettront les sujets au pluriel, et feront l'accord des verbes ci-dessus.

36ᵉ **EXERCICE**. (Gram. Nᵒˢ 75 — 76 — 77.)

Hier j'eu, tu eu, elle eu la fièvre ; je vi, tu vi, elle vi le médecin qui prescrivi des remèdes : je les ferai, tu les ferai, elle les ferai si la bonne étai là. — Je reçu, tu reçu, elle reçu des visites, que je rendi, que tu rendi, qu'elle rendi le lendemain. Je sor, tu sor, elle sor de bonne heure. — Je ménage, tu ménage, elle ménage l'argent. — Je marchandai, tu marchandái, il marchandai des poires. — Je répondi, tu répondi, elle répondi de travers. — Si la maîtresse voulai, je lirai, tu lirai, elle lirai cette fable; hier je la lu, tu la lu, elle la lu couramment. — Demain tu recevra, ta cousine recevra une image. — L'institutrice désirerai que je vinsse, que tu vinsse, qu'elle vin à l'école. Hier j'y vin, tu y vin, elle y vin de bonne heure. Elle désire que je continu, que tu continu, qu'elle continu d'y venir. — J'aime l'étude et je la regarde comme un principe d'aisance et de fortune. — Tu recevra avec reconnaissance les conseil que ta maîtresse te donne. — Tu aurai raison d'espérer le premier prix, si tu travaillai bien, mais tu néglige ton devoir et tu n'en convien pas. — Cette élève aime les récompenses et elle s'efforce de les mériter: elle récite bien, parce qu'elle étudi sérieusement; elle retien ses leçons parce qu'elle réfléchi beaucoup. — Tu sera heureuse si tu fai le bien. — Je di, tu di, elle di toujours de même. — Je repri, tu repri, il repri ce valet. — Je conte, tu conte, il conte une nouvelle. — Je compte, tu compte, elle compte de l'argent. — J'écri une lettre à ma mère pour lui apprendre que je joui, que tu joui, que ma cousine joui d'une bonne santé. — Je doi fuir le péché comme je fuirai la rencontre d'un serpent. — Tu remportera la couronne céleste si tu surmonte tes passions.

37e **EXERCICE**. (Gram. Nos 75—76—77.)

Les Élèves mettront au pluriel les sujets ci-dessus, et feront l'accord.

38e **EXERCICE**. (Gram. No 77.)

Les Élèves souligneront les sujets, et feront l'accord du verbe.

Je parle, tu écoute, Rose pleure. — Nous chanton, vous danse, les enfans jou. — L'eau désaltère,

le feu réchauffe, la verdure réjoui.—La peur resserre,
le courage enhardi. — Augustine déclame, ses compagnes écoute, la maîtresse applaudi. — L'or et
l'argent brille, le soleil lui, la comète paraî.
Sylvie naqui, elle vécu et mouru dans les Indes.
— Emile et Léonie partire le matin et arrivere le
soir. — Le pigeon roucoule, la tourterelle gémi, la
poule glousse, les poussins piaule, le renard glapi,
le loup hurle, le tigre cri, le lion rugi, l'âne
brai, le cheval henni. — Les ciseaux coupe, les
épingles pique, la lumière ébloui, le vent dessè-
che, la pluie rafraîchi. — Le rossignol et la fauvette
chante.—Henri et Louise travaille.—Pauline brode,
Lucette li, Blanche et Mélanie écri. — Nous rion,
vous pleure, Joseph et Amélie boude. — Nous partiron, vous restere, vos frères viendron. — Je lisai,
tu écrivai, Clarisse jouai. — Nous semion, vous
plantie, Julie et Sophie arrosai. — Je vin, tu parti,
Laure resta.—Nous allâme, vous vînte, les autres
sortire.— La pie et le perroquet jase. — Rosalie et
Thomas étudi, ils avance et profite beaucoup.
Ton frère et moi partiron demain, toi et ta sœur me
tiendre compagnie. — Cet homme et cette femme
vivai saintement. — Le bruit de ses exploits reten-
tissai au loin. — Les grâces de son style attache le
lecteur. Antoine et son fils arrive, il descende de
voiture et entre dans la maison. — Tu devrai
donner ton cœur à Dieu le matin dès que tu t'éveille.
— Je prendrai bien plus de précautions si je connaissai ma faiblesse. — Cet enfant peu s'instruire et
il s'instrui en effet par l'attention qu'il apporte à ses
devoirs.— Je veu, tu veu, elle veu servir Dieu.

39e **EXERCICE**. (Gram. N° 77.)

*Les Élèves complèteront les verbes ci-dessous, et les feront
accorder avec leurs sujets.*

Ursule et Casimir travaillai beaucoup hier ; j'entendi leur mère qui les louai et les encourageai.—Je
vous verr... demain, je vous interroger... sur la géo-

graphie et si vous répond... bien, je vous prendr...
avec moi. — Nos maîtresses nous parleron et nous
les écouteron ; elles nous instruiron, elles nous sur-
veilleron, nous soigneron et nous chériron comme
leurs enfans; de notre côté nous les aimeron, nous
les respecteron et les regarderon comme nos mères.
—Si vous apprene bien vos leçons, je vous donner...
une image et vous conduir... à la promenade. — Je
dessiner... une rose et tu la broder... pendant que
ton frère apprendr... son catéchisme. — Tu travaille
mal, tu gâte ton ouvrage, tes sœurs travaille bien,
on les lou, on les admire, on les récompense volontiers. — Les mauvaises herbes nuise ; on les arra-
che et on les jette par-dessus la haie ou bien on les
donne aux bestiaux qui les mange avidement. —Où
étié-vous ce matin ? On vous demandez, on vous
cherchez de tous côtés; on vous croyez partie et
on vous accusez d'incivilité. — Ces demoiselles vous
prêteré le livre que vous demandé si elles l'avai. Que
disai vos compagnes? Que désirait-elles ? Ainsi parle
les personnes sensées. — Ainsi vivai les saints. —J'ai
vu cette bonne mère qui conduisai ses enfans par la
main. — Nous aperçume un vénérable vieillard que
conduisai ses deux fils. — Voilà les livres que lisai
Flavie; elle les rendrai si ou les lui demandai. Voilà
des élèves qui récite bien leur leçon et qui profite
beaucoup. --- Quand nos débiteurs nous compteron
de l'argent, nous leur donneron quittance.

40ᵉ **EXERCICE**. (Gram. Nᵒ 77.)

Les Élèves distingueront le sujet d'avec le complément,
et feront l'accord.

Je croyais que Louis et Jean vous succèderez.
— Votre imprudence vous nuisai, nos frayeurs vous
fatiguez. — Dieu et le monde partage votre cœur;
donnez-le à celui qui le forma de ses mains, lui
seul vous suffi. — Vos défauts me déplai, l'espérance
de réussir leur donne du courage. — Nous ne souf-

friron jamais comme le mérite nos péchés. — Les honneurs fui souvent celui qui les ambitionne et les recherche.—La réponse que vous suggerai ces dames vous nuirez beaucoup et vous perdrez d'honneur. — Je savais qu'Eléonore aurait de grandes peines et que la religion les lui adoucirai. — Les regrets que me cause votre absence ne saurai s'exprimer. — Les personnes que tu fréquente et que tu aime si tendrement te ferai fuir si tu les connaissai. — Tu vois Philippine et tu la goûte beaucoup ; si elle connaissai tes sentimens elle les apprécierai ce qu'ils vale. — Vous jouai gros jeu et vou perdai votre argent ; votre mère sera mécontente. — J'appri hier que Félix et sa sœur vous jouez et vous trompez. — La soif des richesses corrompai votre cœur, empoisonnai votre existence et compromettai votre salut. — Les vers que déclamai Julie vous plaisez beaucoup. = Vous plaisez fort à Lucie qui vous verrez plus souvent si ses occupations le lui permettai. — Si vous écoutiez votre répugnance naturelle, elle vous porterez à des négligences qui vous perdrai. — Les méchans haïsse la lumière qui les éclairent et la vérité qui les corrigent et les redressent. Quel mal vous faisez vos voisines ? Quel préjudice vous causez leurs paroles ? — Les marques de confiance que tu recevai de tes maîtresses te rendai odieuse à tes compagnes et t'exposai à leurs tracasseries.

41e **EXERCICE.** (Gram. N° 77.)

Les Élèves distingueront le sujet d'avec le complément, et feront l'accord.

Nous lume la lettre que vous écrivez vos correspondans et la réponse que leur adressai votre tuteur. — Nous admirame les ouvrages que brodai Caroline et qu'elle vous montrez ce matin. — Si les pommes étai mûres on les cueillerai, on les porterai à la maison et on nous les servirai à table. — Les nouvelles que vous racontez Thomas et qu'il vous donnez

comme vraies, sont autant de faussetés.—Nous goû-
tame la liqueur que vous présentez ces dames qui la
disai délicieuse, et nous la trouvame détestable.
— Je vi la paille que portai ces pauvres gens ; ils la
destinai à faire le lit d'un enfant malade. — Le plaisir
que vous ferez mes lettres n'égalerai pas celui que
me procurerai les vôtres. — La douceur de leurs
procédés vous touchai et vous gagnai le cœur.— Les
grâces de son langage vous captivez et vous ravissai.
—Vous achetterai des soies, et vous me les reven-
drai, je vous les paierai comptant. — Si tu t'appli-
que, tu remportera le prix et tu obtiendra mon
amitié. — Octavie a rompu les liens qui la captivai
et la retenai loin de sa mère. — St-Bernard annonçai
la parole de Dieu aux Génois ; l'empressement de
ceux qui l'écoutai et le fruit qu'opérai ses discours
l'animai d'un nouveau zèle. Ces demoiselles ornai
la niche parce qu'elle croyai que ce serait elle qui
la porterai. — Vîte-vous les étoffes que portai les
deux colporteurs ? — Françoise les décréditai et les
regardai dédaigneusement parce qu'elle les trouvai
trop chères.—Je connais les personnes que vous
habillai et que vous nourrissai, ce sont celles qui
vous habillai et vous nourrissai dans votre enfance.
— Les hommes nous fuiron quand nous les rechercheron, et il nous rechercheron quand nous les
fuiron. — Je jou, tu jou, elle jou volontiers. — J'avou,
tu avou, elle avou que c'est mal.

42ᵉ **EXERCICE.** (Gram. Nᵒ 77.)

Suite de l'accord du verbe.

Jésus aimai les pécheur ; il les recherchai, les pré-
venai, les instruisai, les guérissai de leurs maux,
et lorsqu'ils revenai à lui, il les recevai, les con-
solai et les renvoyai absous. — Que vous disez ces
gens-là ? Ils vous blâmez, sans doute, ils vous accusez, vous injuriez, vous maltraitez, peut-être ?
— C'étai deux de mes voisins qui me mortifiai et me

contrariai en tout. — Voilà une rivière dans laquelle fourmille des poissons de toute espèce. — Les fleurs que vous offrez Christine étai superbes ; elle les cultivai avec soin et les destinai à orner votre cheminée. — Nous vime ces malheureux pendant qu'on les liai et qu'on les entassai sur des charrettes ; la pitié que m'inspirai leurs maux et la frayeur que me causai leurs gardes ne saurai se dépeindre. — Les manières gracieuses qui accompagne votre don en relève le prix, et me charme plus que le don lui-même.—Les soins et les attentions que vous prodiguai votre fils adoucissai votre infortune et soulageai votre cœur. —Les personnes qui vous parlai et que méprisai tant votre sœur, lui rendai cependant de grands services. —Les fautes que commettai Clotilde lui attirai de fortes réprimande. — Les diamans que porte Ernestine et qui orne sa tête, lui coûte fort cher ; elle voudrai les revendre. — Votre maison leur plairai, votre jardin leur conviendrai ; mais le hau prix que vous y mettai les en dégoûte. — Je fus à Naples où m'appelai des affaires pressantes et la fatigue que m'occasionnai des courses multipliées, m'aurai rendue malade si ce n'était les bons soins de mon excellente hôtesse.

43e **EXERCICE.** (Gram. N_o 77.)

Suite de l'accord du verbe.

L'exercice entretien et accroi les facultés de l'homme ; l'oisiveté les émousse, les rouille, et les use complètement. — Nos amies nous écriron et nous leur répondron ; elle nous donneron de leurs nouvelles et nous leur donneron des nôtres ; elles nous enverron des gravures et nous leur enverron des pinceaux. — Je voyai qu'on recevai vos lettres avec plaisir et qu'on les lisai avec empressement. — Ces jeunes personnes entrère courageusement dans la voie où les appelai le Seigneur. — Dieu aime les hommes, il les aime d'un amour de prévenance,

il les comble de biens et les préserve de mille acci-
dens fâcheux, tandis que ces hommes ingrats l'oubli,
le méprise, et paie ses faveurs par des outrages.
— Je vous récompenserai ou vous punirai comme
le mérite vos œuvres. — Voilà le lieu où reposai
jadis les cendres de nos ancêtres. — Le soin qu'on
les humbles de se cacher, fai qu'on les estime et
qu'on les recherche d'autant plus. — Ce matin Lucie
reprenai et corrigeai ses enfans, hier au contraire,
elles les louai et les encourageai. — Tu ignore le
moyen qu'emploi Adèle pour faire son devoir : elle
le transcri sur celui de ses compagnes. Je la prévien
qu'on la punira si elle continu. — Ton père gémi sur
les discours que tu tien ; il tien beaucoup à te voir
devenir sage et circonspecte.—Ce mur vous séparez
et vous contrariez ; voilà pourquoi vous l'abattai.
— L'argent que refusai hier vos amies, leur serai
bien nécessaire aujourd'hui. — Que deviendrai les
malheureux s'ils vous perdai ? — Que ferai les pauvres si tu leur manquai ?

44e **EXERCICE.** (Gram. Conjugaisons)

*Les Élèves complèteront les verbes ci-dessous en
les faisant accorder avec leurs sujets, et elles distingueront les temps auxquels ils se rapportent.*

ELLES INDIQUERONT ICI LE TEMPS.

Nous te cherchion, vous la rappeliez, ils me con-
tristai, nous lui déplaision, vous me frappie, elles
te contrariai, nous la rencontrion, vous la fuyiez,
elles me tracassai, nous lui parlion, vous me répon-
diez, elles te souriai, nous t'instruision, vous la
repreniez, elles me payai, nous le caression, vous
la flattie, elles m'offensai, nous lui pardonnion,
vous l'entendiez, elles te décourageai, nous t'hono-
rion, vous le souffriez, elles me désolai, nous te
détournion, vous l'embarquiez, ils me conduisai.

ELLES INDIQUERONT ICI LE TEMPS.

Nous la reconduisime, vous la calmate, elles m'injurière, nous la levame, vous la saluate, ils m'accueillire, nous le renvoyame, vous le surprite, ils te reprire, nous l'ordonname, vous l'accomplite, elles me refusère, nous l'enchaîname, vous le délivrate, ils te remercière, nous lui offrime, vous l'acceptate, ils me dédaignère, nous le blâmame, vous le corrigeate, ils te désobéire, nous lui parlame, vous lui écrivite, elles me plure, nous la priame, vous t'invitame, elles m'épouvantère, nous le souffrime, vous le dissimulate, ils te convinre.

45e **EXERCICE**. (Gram. Conjugaisons.)

Les Élèves transcriront l'exercice ci-dessus, mettront les complémens au pluriel, les sujets au singulier, et feront l'accord du verbe.

46e **EXERCICE**. (Gram. Conjugaisons.)

Les élèves complèteront les verbes ci-dessous, et les feront accorder avec leurs sujets.

ELLES INDIQUERONT ICI LE TEMPS.

Nous lui serion redevables, vous lui serié soumises, ils me découragerai, nous t'honorerion, vous le louerié, elles m'entendrai, nous la bénirion, vous l'exalterié, ils te détournerai, nous te verrion, vous l'examinerié, elles me sourirai, nous la supplierion, vous l'emploierié, elles lui parlerai, nous l'enverrion, vous la recevrié, elles t'accueillerai, nous la réjouirion, vous l'amuserié, elles me contrarierai, nous la contredirion, vous le renverrié, elles me blâmerai, nous l'envelopperion, vous la découvririé, elles te défendrai, nous te jugerion, vous le condamnerié, elles me souffrirai.

ELLES INDIQUERONT ICI LE TEMPS.

Nous l'instruiron, vous la reprendré, ils me corrigeron, nous la suivron, vous la souffriré, ils te perdron, nous lui permettron, vous m'offriré, elles t'accueilleron, nous t'ennuieron, vous le plaindrez, elles me repousseron, nous le sentiron, vous le détruiré, ils te rejoindron, nous t'humilieron, vous la contrediré, elles me déplairon, nous l'embarqueron, vous l'accompagneré, elles te conduiron, nous te critiqueron, vous lui déplairez, elles m'appelleron, nous lui répondron, vous lui obéirez, ils te craindron.

47e **EXERCICE**. (Gram. Conjugaisons.)

Les élèves transcriront l'exercice ci-dessus, mettront les complémens au pluriel, les sujets au singulier, et feront l'accord.

48e **EXERCICE**. (Gram. Conjugaisons.)

Les élèves compléteront les verbes ci-dessous, et les feront accorder avec leurs sujets.

ELLES INDIQUERONT ICI LE TEMPS.

Nous lui somme nuisibles, vous m'ête chères, ils me sont utiles, vous lui ête soumises, vous le metté dehors, elles l'ordonne, nous l'endormon, vous l'endormé, elles t'endorme, nous te démenton, vous la démentez, ils me démente, nous lui sourion, vous me souriez, elles te souri, nous lui menton, vous me mentez, elles te mente, nous l'employon, vous m'employé, ils t'emploi, nous le senton, vous la sentez, ils me sente, nous l'agréon, vous l'agrée, ils t'agrée, nous l'interrompon, vous l'interrompez, ils m'interrompe, nous te suppléon, vous me suppléez, ils te supplée, nous la recréon, vous le recréez, elles te recrée, nous le rompon, vous le rompé, elles le rompe, nous l'envoyon, vous l'envoyé, ils t'envoi, nous la saluon, vous me saluez, ils te salu, nous t'avouon, vous m'avouez, ils t'avou, nous le craignon, vous le craignez, ils te craigne, nous l'attendon, vous m'attendez, elles t'attende, nous la fuyon, vous la suivez, elles te suffise, nous la louon, vous le pliez, elles le dépli, nous le vendon, vous le vendez, elles me vende, nous l'instruison, vous le mortifiez , elles le corrompe , nous le soignon, vous le soignez, elles te soigne, nous le rejoignon , vous la rejoignez, elles te rejoigne , nous te voyons , vous la voyez, ils me voi, nous l'éteignon, vous l'éteignez, ils l'éteigne, nous le couson, vous le cousez, elles le couse, nous te perdon, vous le perdez, elles me perde, nous le voulon, vous le voulez, elles te veule, nous le dépensons, vous le dépensé, ils le dépense, nous t'ennuyon, vous m'ennuyez, elles t'ennui, nous le prenon, vous le prenez, elles te prenne, nous le valon, vous le valé, elles le vale.

49e **EXERCICE**. (Gram. Conjugaisons.)

Les élèves transcriront l'exercice ci-dessus, mettront les complémens au pluriel, les sujets au singulier, et elles feront l'accord.

5o^e **EXERCICE**. (Gram. Conjugaisons.)

Les élèves compléteront les verbes ci-dessous suivant le mode et le sujet.

PRÉSENT DU SUBJONCTIF.

La maîtresse ne croi pas que nous ay…, que vous ay…, qu'elles ai… la fièvre ; elle veu que nous fas… , que vous fas…, qu'elles fas… l'analyse, quoique nous croy…, que vous croy…, qu'elles cro… ne le pouvoir pas. Il faut que nous voy…, que vous voy…, qu'elles voi… cet ouvrage, afin que nous puis…, que vous puiss…, qu'elles puis… l'imiter. On désire que nous partion , que vous part…, qu'elles part… ce matin afin que nous arri…, que vous arr…, qu'elles arr… de bonne heure. On ne veu pas que nous nous plaig…, que vous vous plaig…, qu'elles se plaig… de cette bagatelle, afin que nous a…, que vous a…, qu'elles a… le mérite de la patience. On crain que nous ne fuy…, que vous ne fuy…, qu'elles ne fui ..trop la peine. On souhaite que nous all…, que vous all…, qu'elles ail… à la promenade et que nous y joig…, que vous y joig…, qu'elles y joig… les autres élèves. On désire que nous emplo…, que vous emplo…, qu'elles emplo… bien le

temps, afin que nous gagn..., que vous gagn...,
qu'elles gagn... un prix. Cela sera, pourvu que nous le
vou..., que vous le vou..., qu'elles le veu.... Il faut
que nous étu..., que, vous étudi..., qu'elles étudi...,
que nous détail..., que vous détail..., qu'elles détail...
ces évènemens, que nous travail..., que vous travail...,
qu'elles travail... à ce tableau, et que nous le peign...,
que vous le peig..., qu'elles le peig... parfaitement.
Veut-on que nous prio..., que vous pri..., qu'elles
pri... le Seigneur pour que nous en obten..., vous en
obten..., qu'elles en obtien... son secours ?

51e **EXERCICE.** (Gram. Conjugaisons.)

*Les élèves transcriront les verbes ci-dessus, et au lieu de
nous, vous, elles, elles mettront* je, tu, elle.

52e **EXERCICE.** (Gram. Conjugaisons.)

*Les élèves complèteront les verbes ci-dessous suivant le
mode et le sujet.*

IMPARFAIT DU SUBJONCTIF.

Ta maman désirerait que nous t'instrui..., que vous
l'instrui..., qu'elles m'instrui..., que nous t'envoy...,
que vous lui envoy..., qu'elles t'envoy... des livres, il
faudrait que nous y consenti..., que vous y consent...,
qu'ils y consent.... On voudrai que nous vin..., que
vous vin..., qu'elles vin... à la classe, que nous y
récit..., que vous y récit..., qu'elles y récit... leur
catéchisme; M. le curé souhaiterai que nous l'appri...,
que vous l'appri...., qu'elles l'appri..., que nous le
sus..., que vous le sus..., qu'elles le sus... parfaitement, et que nous devin..., que vous devin..., qu'elles
devin... de ferventes chrétiennes; mais pour cela il
faudrait que nous étudia.., que vous étudi..., qu'elles
étudi... Jésus et Marie et que nous imit..., que vous
imit..., qu'elles imit... leurs vertus. On souhaiterai
que nous pria..., que vous pria..., qu'elles pria...
Marie, afin que nous obtin..., que vous obtin..., qu'ils
obtin... sa protection. Il fallai que nous tin..., que

vous tin..., qu'elles tin... la main de l'enfant, que nous all..., que vous all..., qu'ils all... chercher des remèdes, que nous cueil..., que vous cueil..., qu'elles cueil... des fruits. On désirerait que nous attir..., que vous attir..., qu'ils attir... des âmes à J.-C., et que nous aim..., que vous aim..., qu'elles aim... ce bon Sauveur d'un amour généreux.

53ᵉ **EXERCICE.** (Gram. Conjugaisons.)

Les élèves transcriront les verbes ci-dessus, et mettront je, tu, il, elle, au lieu de nous, vous, ils, elles.

54ᵉ **EXERCICE.** (Gram. Nᵒˢ 84—101.)

Les élèves compléteront les infinitifs ci-dessous, et les distingueront du participe passé qui accompagne l'auxiliaire avoir ou être.

Alphonsine veut apprend... à li..., à écri..., à coud..., à brode..., à dessine..., à compte... et surtout à servi le Seigneur. Il est difficile d'apprécie... le mérite sans l'approche... de près. Ce n'est qu'après avoi... examin... la conduite d'une personne qu'on peut se fixe... sur l'idée qu'on doit en avoi... et se détermine... à la fréquente... ou à l'abandonne.... Un enfant sage n'a jamais trouve... de plaisir à chante... des chansons profanes, non plus qu'à les entend... chante.... Une fois qu'on a commence... à leve... le masque, qu'on a méprise... la grace, qu'on a dédaigne... les bons conseils, on ne peut que s'égare... s'enfonce... de plus en plus dans l'abîme, et se perd... à jamais. J'ai dessine..., vous devriez aussi dessine... le paysage que l'on nous a donne... à copie.... Déjà on avait leve... les ancres, on entendait les vents souffle..., on voyait les voiles s'enfle..., et les vaisseaux traverse... les ondes avec une vitesse incroyable, lorsqu'un ouragan épouvantable vint non-seulement trouble... la joie de l'équipage, mais encore épouvante... les plus intrépides matelots. Vous devez travaille... avec soin à cultive... le champ que le Seigneur vous a confié; ce n'est pas assez de déracine... les mauvaises herbes qui croissent dans votre âme, vous devez en seme... de bonnes, les arrose..., les soigne... et veille... à leur conservation : cela veut dire que vous devez travaille... à vous corrige... de vos défauts et ne rien néglige... pour vous avance... dans la vertu, vous perfectionne... et vous sanctifie... — On doit s'accoutume... dès le bas âge à surmonte... ses inclinations, à triomphe... de ses penchans, à supporte... les épreuves, à souffri... les adversités et tous les maux qu'il plaît à Dieu de nous envoye... pour notre plus grand bien. — Nous avons tous des passions à dompte..., des péchés à expie..., des vertus à pratique... des graces à demande..., un temps à ménage..., le prochain à édifie..., le monde à méprise..., une éternité à médite..., un corps à mortifie..., une âme à sauve..., et un paradis à mérite...

Pour deveni... Saint, il faut savoi... s'absteni... de ce qui pourrait nous plai.... et souffri... patiemment tout ce qui peut nous déplai... et nous contrarie....

55e **EXERCICE**. (Gram. Conjugaisons.)

Les élèves écriront les temps composés des verbes abandonner, jouer, égayer, saluer, gagner, engager, dire, faire, voir, vouloir, pouvoir, entendre, sentir, obéir, fuir, répondre, envier, essayer, blanchir. *Elles ne feront qu'un temps pour chaque verbe :* Passé indéfini, passé antérieur, plusque parfait, *et les autres jusqu'au bout.*

56e **EXERCICE**. (Gram. Nos 103 — 104 — 105.)

Les élèves transcriront les phrases ci-dessous, et corrigeront les fautes qu'elles reconnaîtront dans les verbes.

Dieu appella Samuël pendant qu'il dormait, et l'enfant croyant que c'était le Grand-Prêtre qui l'appelai, se leva, et lui dit : « Me voici, car vous m'avez appellé. » — Je ne vous ais point appelé, mon fils, lui répondi Héli, retournez, et dormez en paix. Samuël s'étant rendormi, s'entendi appeller une seconde fois et retourna vers le Grand-Prêtre, croyant en être appelé. Celui-ci pensa que c'était le Seigneur qui appelait ainsi Samuël ; il lui dit donc : Retournez, mon fils, je ne vous appele point ; mais si vous entendé encore la voix qui vous appelle, répondez : *Parlez-Seigneur, car votre Serviteur écoute.* — Hier je plaçai, tu plaça, elle plaça les livres sur la table ; j'avou que nous les plaçâmes mal, mais à l'avenir je les plaçerai, tu les plaçeras, elle les plaçera, nous les plaçeron tous à la bibliothèque. — Tu rapeleras le maçon et tu lui renouvelera l'ordre de carreller la salle. — Ménagons le temps, et arrangons-nous de manière à avoir fini l'ouvrage dont nous nous chargâmes si mal à propos la semaine dernière. — Je me dérangeais, tu te dérangeais pour lui faire plaisir ; mais elle se dérangeait aussi pour nous. — Tu commencas le dessin hier ; Julie le començerait aujourd'hui si je le commençais moi-même ; mais je ne puis commençer que plus tard et nous le commençeron ensemble. — Si l'on devenait savant en feuillettant les livres, cet enfant le serait bientôt, car il feuillette sans cesse les siens, et il les feuilletera comme il les a toujours feuillettés. Pourquoi rejete-tu mes conseils ? Jete-toi, que ta fille se jete aux pieds du magistrat ; il ne rejetera pas vos supplications. — Nous rejettons souvent sur les autres les fautes que nous ne devrion rejetter que sur nous-mêmes. — J'ai projetté et je projette encore d'aller vous voir. — Si nous ne te soufflettons, nous souffletteras-tu ? Non, si nous te soufflettions, tu ne devrais pas nous souffletter, en te rappelant que N. S. a voulu être souffletté par un misérable valet. — J'ai renouvellé la promesse qui m'engageait à servir le Seigneur et je la renouvellerai dimanche, comme tu renouvellas la tienne hier. — Ce paquet n'est pas bien ficellé ; il faut qu'on le ficelle de nouveau ; prie Sophie de le ficeller ; si j'avais le temps, je le ficellerais moi-même. — Vous chancellez moins aujourd'hui que vous ne chancelliez hier ; demain vous ne chancellerez plus. —La maîtresse nous charga d'un devoir si difficile que nous nous en déchargâmes aussitôt sur quelques unes de nos compagnes qui se charge volontiers de notre ouvrage pour s'instruire à nos dépens. — Cet enfant a constamment rejetté les avis qu'on lui donne, et il les rejetera toujours malheureusement pour lui.

57e **EXERCICE.** (Gram. N_{os} 106 --- 107 --- 108.)

Les élèves copieront les phrases ci-dessous, et corrigeront les fautes qu'elles reconnaîtront dans les verbes.

J'eleve une petite orpheline, tu eleve ta filleule, Blanche veut eleve la sienne et je crois qu'elle l'elevera chrétiennement. — Les graines que tu as semées n'ont pas levé; elles leverai si tu les arrosai; les miennes levent bien. — Releve ta robe; si tu la relevais comme les autres relevent la leur, elle serait plus fraîche. — Paye tes dettes si tu veu que je paye les miennes; j'attends que tu me paye pour payer à mon tour. — Ce marchand ne payera plus maintenant la soie comme il la payait autrefois. — Cette femme s'inquiette beaucoup de son fils, qui ne s'inquietta pourtant jamais d'elle. — Nous nous inquietons trop de l'avenir; pourquoi tant s'inquietter de ce qui ne dépend pas de nous? — Je succede à l'employé qui succeda à ton père; tu lui succederais toi-même si ta santé te permettait de lui succeder. — Je te revelerai des secrets importans que tu ne reveleras à personne; c'est ta sœur qui me les revela dans un moment d'abandon; mais si tu les revelais je serais perdu. — Nous bechons notre jardin; viens nous aide à le beche, et nous t'aiderons quand tu becheras le tien. — Si je te cede mes cerceaux, me cederas-tu tes volans? — Si quelqu'un vous conteste votre manteau, dit J.-C., cedez-lui encore votre robe. — Cette femme recelle des marchandises volées, elle en recele encore comme elle en a toujours recele. — Le vent soulevai les flots et les souleve en ce moment avec plus de fureur que ce matin. — Je precede, tu precede, il precede le prince. — Nous esperons, vous esperez, elles esperent en Marie; nous espererons, vous espererez, elles espereront toujours en sa bonté. — Je me promenais, tu te promenais, elle se promenait rarement; mais nous nous promenerons, vous vous promenerez, elles se promeneront désormais plus souvent. — Je revere, tu revere, nous reverons tous les vertus de notre pasteur. — Ce malheureux a constamment cele la vérité; mais il ne la celera pas toujours. — Cette dame me protegait autrefois ; mais elle ne me protega pas long-temps ; elle me protegerait encore si j'avais mérité qu'elle me protegât toujours. —Si tu connaissais le prix du temps, tu l'employerais plus utilement que tu ne l'employes. — J'employerais bien mes loisirs si je les employais comme tes sœurs employent les leurs ; toute personne sensée doit les employer ainsi. — Tes yeux decelent ta faute.

58ᵉ EXERCICE. (Gram. Nᵒˢ 109 — 110 — 112.)

Les élèves corrigeront les fautes qu'elles reconnaîtront dans les verbes ci-dessous.

Vous avez du recevoir une lettre dans laquelle je vous annoncais un scapulaire beni. — Nous avons eu la visite de notre digne Prélat ; il a beni nos enfans, et leur a donné à chacune une medaille beni par notre S. P. le Pape. On a du vous raconter tout cela. — Je vous envoi les honoraires qui vous sont dus ; je ne me rappele pas s'il en est du autant à votre collègue. — L'homme charitable sera benit du Ciel dans toutes ses entreprises. — L'enfant beni auquel nous avons donné nos soins, vient de nous quitte pour alle dans sa famille. — Vos drapeaux ont été beni par l'Eglise, Messieurs; mais seront-ils également beni sur le champ de bataille ? — Ces jeunes personnes ont été mille fois beni par les indigens qu'elles ont secourus. — Jacob s'approcha de son père pour en être beni à la place d'Esaü. —Après avoir beni les cierges, le célébrant les distribua aux fidèles. — Nous devrions, s'il était possible, hair le péché comme Dieu le haït. — Si nous haissons ceux qui nous haissent, nous ne sommes point chrétiens. — Je hais, tu hais, elle haït le mensonge. — Nous haissons la vérité quand elle blesse notre amour-propre. Du temps de Moïse, on montrait encore les tombeaux où reposait les cendres beni d'Abraham, d'Isaac et de Jacob. Le premier jour de carême on met des cendres beni sur la tête des fidèles.

59ᶜ **EXERCICE.** (Gram. Nᵒ 113.)

Les élèves complèteront les verbes ci-dessous.

Je pren, tu pren, elle pren des leçons de piano.
— Je descen, tu descen, elle descen l'escalier. — Je
ven, tu ven, elle ven de la soie. — Je répan, tu
répan, elle répan des larmes. — Je ne crain pas, tu
ne crain pas, elle ne crain pas la peine. — J'enten,
tu enten, elle enten la musique. — Je ne mor pas, tu
ne mor pas, elle ne mor pas la poussière. — Je tor,
tu tor, elle tor du coton. — Je cein, tu cein, elle cein
le diadème. — J'appren, tu appren, il appren l'alle-
mand. — Je ne compren pas, tu ne compren pas, elle
ne compren pas cette règle. — Je ne me résou pas, tu
ne te résou pas, elle ne se résou pas à l'étudier. — Je
mou, tu mou, elle mou du café. — J'entrepren, tu
entrepren, il entrepren ce voyage. — Je ne me plain
pas, tu ne te plain pas, elle ne se plain pas de ses
maux. — J'absou, tu absou, il absou ce pécheur.
— J'atten, tu atten, il atten des progrès. — Je per,
tu per, elle per une amie. — Je ne join pas, tu ne
join pas, elle ne join pas les mains. — Je cou, tu cou,
elle cou des chemises. — Je répon, tu répon, elle
répon de travers. — Je pein, tu pein, elle pein médio-
crement. — Je fon, tu fon, il fon de l'étain. — Je fein,
tu fein, elle fein d'avoir peur. — Je ton, tu ton, il
ton les brebis. — J'étein, tu étein, elle étein les lumières. — J'éten, tu éten, elle éten la lessive. — Je
dissou, tu dissou, elle dissou l'assemblée. — Je ne
tein pas, tu ne tein pas, il ne tein pas du mérinos.
— Je rejoin, tu rejoin, elle rejoin la compagnie.
J'attein, tu attein, elle attein le chariot. — Je ren,
tu ren, elle ren ses comptes. — Je préten, tu préten,
il préten avoir raison. — Je défen, tu défen, il défen
l'orphelin.

—

60ᵉ EXERCICE. (Gram. depuis 103 jusqu'à 113.)

RÉCAPITULATION.

Les élèves corrigeront les fautes des verbes ci-dessous, conformément aux règles citées, et elles feront l'accord.

Nous envisagons la nature sous d'autres points de vue que les anciens.—Que d'hommes, comme les plantes, ont vegeté sur cette terre, y vegetent encore et y vegeteront toujours ! — Benis soit les rois qui ont été les pères de leurs peuples ! Ne jugons promptement de personne ni en bien ni en mal. — La mort sépare les hommes et les rejoin. — Le crime se decele presque toujours. — C'est en haissant le vice que nous nous fortifivon dans l'amour de la vertu. — C'est en interrogant fréquemment la nature, qu'on lui arrachent ses secrets. — Rappelerai-je ici ces jours de deuil tant de fois rappelés, où la mort d'un roi vertueux semblait amonceller sur la France une foule de calamités ? —Dieu appella les eaux pour punir la terre couverte de crimes. — Sᵗ-Louis rejettait les conseils de la politique quand ils n'étai pas d'accord avec la vertu. —Les choses dont nous nous soucion le moins, son souvent celles qui contribu le plus a notre bonheur. — L'argent que votre mère vous envoi et le fruit de ses économies. — Nous amoncellon les richesses comme si nous devion toujours vivrent.—Tout rappéle l'homme a ses devoirs. — Les anciens érigaient en divinités les hommes célèbres. — On appéle flux et reflux, le mouvement régulier et alternatif des eaux de la mer. — La campagne recré la vue. — On augmente son bonheur en le partagant avec un ami. — Nous avons bénit le Ciel qui vous ramene dans nos bras et qui vous protega si visiblement dans vos courses lointaines. — Il n'est rien que je haisse autant que la flatterie. —Le mépris et du à l'homme, est la louange n'est due qu'à Dieu. Rendons-lui constamment l'honneur et la gloire qui lui sont dus. — Un homme qui nagait très-bien se jetta à l'eau pour sauver l'enfant qui se noyait. — Tel seme qui souvent ne recueille pas.—Ce que vous semez maintenant dans les larmes, vous le recueillerez un jour dans la joie. L'aurore precede le lever du soleil Les jours se succede rapidement. On revere la vertu partout où elle se trouve.

61ᵉ **EXERCICE**. (Gram. Nᵒˢ 114 — 115.)

Les élèves placeront les traits d'union, et corrigeront les verbes.

PRÉSENT DE L'INDICATIF.

Somme nous sages? Avons nous des bons points? Envoyon nous nos bulletins? Prenons nous la leçon? Expliquon nous la règle? Appelon nous nos compagnes? Faisons nous la lecture? Attendon nous la maîtresse? Couron nous à sa rencontre? Sorton nous maintenant? Laisson nous les enfans? Tordon nous notre fil? Peignon nous ce tableau? Couson nous cette toile? Etc vous bien? Ave vous froid? Voulé vous du feu? Prené vous du café? Allé vous à la promenade? Metté vous ce châle? Lisé vous le journal? Entendé vous le tonnerre? Voyé vous les éclairs? Euvoyé vous à la poste? Répondé vous à ma lettre? Rié vous de bon cœur? Plaigné vous cet enfant? Rendé vous cet argent? Apprené vous la musique? Tené vous à cette amie? Senté vous la chaleur? Aimé vous la lecture? Menton nous? Menté vous? Vous plaignon nous? Vous plaigné vous? Se plaignent ils? Sont ils bien? Ont elles du pain? Souffrent elles? Prennent ells des bains? Vont elles à Paris? Cousent elles? Arrivent ils? Craignent ils l'eau? Peignent ils bien? Descendent ils? Allons nous, allez vous, vont ils à la messe? Iront ils au sermon? Convenons nous de nos torts? Rions nous trop haut? Brodons nous beaucoup? Venons nous ici? Conçevez vous? Concoivent elles mes raisons? Balayons nous? Balayez vous? Balayent elles la salle? Disons nous cela? Consentons nous à votre départ? Employons nous? Employé vous, employent ils ce papier? Rompon nous, rompé vous, rompent ils le pain? Déplacon nous, déplaçé vous, déplacent ils les meubles? Arrangon nous, arrangé vous, arrangent ils les tables? Interrompons nous, interrompé vous, interrompe ils

le discours ? Mourons nous, mourez vous au monde ?
Partons nous ce soir ? Servons nous les pauvres ? Per-
dons nous le temps ? Sentons nous bon ?

62ᵉ **EXERCICE**. (Gram. Nᵒˢ 116 — 117.)

*Les élèves mettront au singulier les pronoms et les verbes
ci-dessus.*

63ᵉ **EXERCICE**. (Gram. Nᵒˢ 114 — 115.)

*Les élèves placeront les traits d'union, et corrigeront les
verbes.*

IMPARFAIT.

Etion nous, étié vous, était elles fortes ? Surveillon
nous, surveillé vous, surveillait ils les élèves ? Lui
donnion nous, lui donnié vous, lui donnait elles des
soins ? Etudion nous, étudié vous, étudiait elles la
leçon ? Semion nous, semié vous, semait ils du grain ?
Appellion nous, appelliez vous, appellaient ils la lai-
tière ? Vendion nous, vendié vous, vendait elles des
gravures ? Taillon nous, taillé vous, taillait elles nos
plumes ? Gagnon nous, gagné vous, gagnait ils votre
pain ? Allion nous, allié vous, allait ils aux offices ?
Voyon nous, voyé vous, voyait elles du monde ? Essa-
yon nous, essayez vous, essayaient ils de parler ?

PASSÉ DÉFINI.

Fume nous, fute vous, furent elles contentes ? Allame
nous, allate vous, allerent ils à Marseille ? Revinme
nous, revinte vous, revinre ils de bonne heure ? Sou-
pame nous, soupate vous, soupere ils de bon appétit ?
Vime nous, vite vous, virent elles ces tableaux ?
Jettame nous, jettate vous, jetterent ils le filet ? Aper-
cume nous, apercute vous, apercurent ils les voleurs ?
Prime nous, prite vous, prire ils la fuite ? Eume nous ?
eute vous, eure ils de la pluie ? Menacame nous, me-
nacate vous, menacerent elles nos enfans ? Fime nous ?
fite vous, fire ils des grimaces ? Le souffrime nous, le
souffrite vous, le souffrire elles ? Parlame nous, parlate
vous, parlere elles beaucoup ? Jouame nous, jouate

(50)

vous, jouere elles long-temps? Nous plaçame nous, vous placate vous, se placerent elles bien? Ficellame nous, ficellate vous, ficellerent elles ce paquet? Décachettame nous, décachettate vous, décachettere ils cette lettre?

64e **EXERCICE**. (Gram. Nos 116 — 117.)

Les élèves mettront au singulier les sujets et les verbes ci-dessus.

65e **EXERCICE**. (Gram. Nos 114 — 115.)

Les élèves placeront les traits d'union, et corrigeront les verbes ci-dessous.

PASSÉ INDÉFINI.

Avon nous eu la fièvre? Avez vous été malades? Ête vous allées à la classe? Y avé vous été silencieuses? En ete vous sorties tard? Les maîtresses ont elle expliqué la leçon? Ont elle corrigé le devoir? Ont elles paru satisfaites? T'avons nous fait mal? M'avé vous écrit? Lui ont elle répondu? M'avé vous appellé? L'avon nous inquietté? M'ont elle rejetté? Avon nous projetté? Avé vous achetté? Ont elle amoncellé? Some nous sorties? Ete vous rentrées? Sont il revenus? M'avez vous vue? T'ont il parlé? L'ont elle recu? Ete vous née a Lyon? Ont il vécu en France? M'avé vous apercu? L'ont elle rencontré?

FUTUR ABSOLU.

Verron nous Louise? Lui parleron nous? L'embrasseron nous? L'enverron nous chez vous? La verré vous avec plaisir? La retiendré vous long-temps? Lui conteré vous vos peines? Ces enfans me comprendron ils? M'écouteron ils? T'obéiront ils? Te craindront ils assez? Se plaindron-ils? Pleureron-ils? Les souffleteron nous, les souffleteré vous, les souffleteront ils? Caqueteron nous, caqueterez vous, caqueteront elles? Repeteron nous, repeteré vous, repeteron elles le catéchisme? Projeteron nous, projeteré vous, projeteront

(51)

ils toujours sans aucun résultat? Essayeron nous, essayeré vous, essayeront elles d'écrire? L'effrayeron nous? m'effrayeré vous? t'effrayeront elles? Reveleron nous, reveleré vous, reveleron ils ce secret? Persevereron nous, persevereré vous, persevereron elles dans la vertu? Délayeron nous, délayeré vous, délayeront ils ces couleurs? Épeleron nous, épeleré vous, épeleront il leur leçon? Agaçeron nous, agaçeré vous, agaçeront elles toujours ce chien? Emmeneron nous, emmeneré vous, emmeneront ils les enfans? Les rameneron nous? les rameneré vous? les rameneron ils bientôt?

66e **EXERCICE**. (Gram. N°s 116—117.)

Les Elèves mettront au singulier les sujets et les verbes ci-dessus.

67e **EXERCICE**. (Gram. N°s 114—115.)

Les Elèves mettront les traits d'union, et corrigeront les verbes ci-dessous.

PRÉSENT CONDITIONNEL.

Si les circonstances nous y obligai, partirion nous volontiers? Ferion nous un si long voyage? L'entreprendrion nous ce soir? Craindrion nous la fatigue? Aurion nous assez de courage? Nous sentirion nous assez de résolution? Abandonnerion nous nos enfans? Où les placerion nous? A qui les confirion nous? Essayerion nous de les emmener? Viendrié vous avec nous? Nous accompagnerié vous? Nous conduirié vous sûrement? Nous soutiendrié vous au besoin? Agrérié vous cette entreprise? Nous la conseillerié vous? Que ferion nous en cas d'attaque? Que deviendrion nous avec deux domestiques? Nous aiderait ils? Nous défendrait ils? Pourrait-ils nous tirer de ce mauvais pas? Le voudrait-ils? Le ferait-ils? En aurait ils le courage? L'oserait-ils? S'intéresserait ils à nos affaires? A qui aurion nous recours dans ces pays lointain? A qui nous adresserion nous? Où logerion nous? Y serion nous en sûreté? Pourrion nous y être tranquilles? Supporterion nous un climat si rude? Ne regretterion nous pas la maison paternelle ? Ne soupirerion nous pas sans cesse après le moment du retour ?

FUTUR ANTÉRIEUR ET PASSÉ CONDITIONNEL.

Quand nous aurons achevé notre devoir, auré vous commencé le vôtre ? Nos compagnes auront elle récité leur livret le soir ? Quand vous seré sorties, seront nous rentrées ? Aurion nous fini notre ouvrage si les maîtresses le demandait ? L'aurion nous fait proprement ? En serait elles contentes ? Serion nous prêtes si l'on voulait aller à la promenade ? Aurion nous fait notre toilette ? Quand auron nous acquis les petites connaissances propres à notre âge ? Lorsque nous seron parties seré vous revenues ? Auré vous sémé, auré vous planté, auré vous embelli votre parterre ? Auron nous peint ce tableau ce soir ? L'auron nous placé sur la cheminée ? Les bouquets seront il faits ? Les élèves se seront elles exercées ? Auront elles su, auront elles répété la chanson ? Auriez vous tout arrangé si je vous appellai dans une heure ? Aurié vous transcrit votre analyse ? Vos compagnes aurait elles fini leur tâche ? Vous aurait elles dit quelque chose ? M'aurait elles menti ? Vous aurait elles déclaré la vérité ? Lorsqu'elles m'auron découvert ce mystère je leur pardonnerai tout.

68ᵉ **EXERCICE.** (Gram. Nᵒˢ 116—117.)

Les Élèves mettront au singulier les sujets et les verbes ci-dessus.

69ᵉ **EXERCICE.** (Gram. Nᵒˢ 117—122.)

Les Élèves corrigeront les fautes des verbes ci-dessous.

Si nous oublion les créatures Dieu remplirai notre cœur d'une joie ineffable ; puissai-je la goûté bientôt ! Je veu travaillé à mon salut, dussai-je mourir à la peine. — Vous vous ennuyé beaucoup ce matin et vous baillé tant que vous pouvié pendant que nous prion le Seigneur et que nous le louyon par le chant des psaumes. — Pourquoi passai-je mon temps à ne rien faire ? Pourquoi l'employai-je à des bagatelles tandis que chacun travaillent autour de moi et se rent utile selon ses moyens ? — A qui donnai-je mon cœur, à qui consacrai-je les prémices de la journée, si ce n'est à Dieu mon Sauveur ? A quoi pensai-je quand je ne pense à rien ? Pour qui travaillai-je quand je ne travaille pas pour Dieu ? — Pourquoi sacrifiai-je mon repos à un monde ingrat qui me rent malheureux ? — Faut-il que nous étudjon la leçon ou que nous plion le linge ? La maîtresse désire que vous étudié d'abord, et qu'ensuite vous plié le linge. — Nous voyon souvent Denise avant qu'elle habitât la campagne ; maintenant nous ne la voyon plus guères. — Que désirai-je dans le Ciel et que souhaitai-je sur la terre, si ce n'ai vous ô le Dieu de mon cœur ! — Emile rougissai quand nous louyon ses bonnes qualités. — Je vous apercu lorsque vous jouyé aux cartes et que vous gagné l'argent de Clara ; vous ne la plaigné guère, vous rié de sa peine et vous vidié sa bourse sans pitié. — Pourquoi ne vous fiié vous plus à cet homme comme vous vous y fiez autrefois ? Est-ce qu'il vous aurez manqué de parole ? — Votre plume ne marque pas parce que vous appuyé trop dessus ; si vous appuyé moins elle ferait très-bien. — On dit que vous éternuyé beaucoup lorsque vous étié enchifrenée ; nous étion dans le même cas, et toutefois nous éternuyon moins que vous. — Laure se plaigni de ce que nous ne la saluyon pas en l'abordant et que nous la contrarion sur son langage. — Je veu partir, eussai je une fièvre de cheval et dussai je rester en chemin ; puissai je arriver assez tôt pour recueillir le dernier soupir de mon père ! — Lorsque Julie arrivât, lui présenté je la main pour descendre de voiture ? L'invité je à se reposer ? Lui préparé-je à souper ? Je n'y pensé pas même et je la laissé se morfondre à m'attendre. — Notre père désire que nous nous confion davantage dans le Seigneur, que nous le prion plus souvent, et que nous aprécion mieux le bienfait d'une éducation chrétienne. — Il est difficile que vous concilié vos devoirs avec le goût des plaisirs. Dieu veut que vous travaillé à votre salut et que vous gagné la belle couronne qu'il à promise a ceux qui perseververon jusqu'à la fin. — Il n'est rien que nous oublion si facilement que les maux passés.

70e **EXERCICE.** (Gram. Nos 123—124 et *.)

Les Elèves corrigeront les fautes des verbes ci-dessous.

Lorsque j'arrivé chez Camille je la trouvé plongée dans la plus profonde affliction ; je mêlé d'abord mes larmes au siennes, et la consolé de mon mieux pendant les trois jours que je passé auprès d'elle ; je l'engagé ensuite à venir à la campagne pour se distraire, et je l'emmené avec moi au Champ d'Or. — Quand je revin d'Italie je passé par Florence où je m'arrêté une huitaine de jours : j'en rapporté plusieurs tableaux que j'offri a mes amies, et j'en recu en échange, des statues que je placé sur ma cheminée. — Je m'ennuyé beaucoup dans ce vieux château ; je travaillé néanmoins toute la journée ; je me couché tard et me levé de bonne heure ; mais je voyé peu de monde, je n'allé jamais en ville, et le peu de distraction que je me permetté, joint au peu de profit que je faisé m'occasionna un tel dégoùt, que je pensé bientôt à retourner chez moi où j'arrivé au dernières fêtes de Noël. — Je ne perdé pas mon temps lorsque j'été à la pension ; j'étudié, je lisé, je meublé ma mémoire des meilleur morceaux de poésie ; je dessiné, je chanté, j'écrivé, je faisé de la musique, je prené des leçons de langue espagnole ; mais pendant que je cultivé mon esprit, que je tàché d'acquérir des talens, je ne négligé point mon âme ; je formé mon cœur a la vertu, j'écouté, je suivé les avis de mes excellentes maîtresses, je prié beaucoup, je médité la loi du Seigneur et j'y conformé de mon mieux ma conduite. — J'eu la fièvre hier, et je ne dîné pas ; je n'allé pas me promené comme de coutume ; je resté seule dans ma chambre où je passé tristement la soirée ; je me couché tard et dormi peu.

71e **EXERCICE.** (Gram. Nos 123—124 et *)

Les Elèves transcriront l'exercice ci-dessus, en mettant NOUS au lieu de JE et feront l'accord du verbe.

72ᵉ **EXERCICE.** (Gram. Nos 124 et *)

Etié vous au couvent lorsque j'y mené ma fille ? Je ne vous y rencontré point et je cru que vous ne voulié pas me voir. — C'est dans le courant du mois dernier que j'arrivé chez ces pauvres sauvages : j'y trouvé plusieurs enfans moribonds auquel j'administré le baptême sans que personne osât s'y opposé. Je m'adressé ensuite aux chefs, je leur parlé de notre sainte Religion et leur proposé de venir m'établir parmi eux pour leur apprendre à servir le Maître de la vie, ce qu'ils acceptere volontiers. On s'empressa de me construire une hutte ce jour-là même, et je m'y installé dès le lendemain. — Je ne retrouve plus le livre que je lisé hier soir : je le placé, je croi, où je le place d'ordinaire avant de me couché. Ne l'oublié je point dans votre chambre ? Je l'y porté, ce me semble, lorsque j'allé y cherché de la lumière, je le laissé probablement sur votre cheminée. — Pendant que je prené soin du ménage, que je lavé, que je rapiécé et repassé le linge, ma sœur s'amusé et se donné du bon temps. — Avez vous vu le chapeau que j'apporté de Lyon l'été dernier et que j'envoyé à Sophie ? Je le lui cédé parce que je le trouvé trop élégant pour moi et que je me douté qu'elle en avait envie. — Si tu pleura à mon départ, pleuré je moins que toi ? N'éprouvé je pas un mortel chagrin dans cette pénible circonstance ? — Si ma sœur travaille, ne travaille je pas autant qu'elle ? Si elle contente ma mère ne la contente je pas aussi ? Et si elle surveille bien les élèves ne les surveille je pas de mon côté ? — Que trouve je de si attrayant dans les créatures, lorsque je les recherché avec tant d'empressement ? — Où alle je, grand Dieu, où porte je mes pas, a qui prodigue je mon cœur, lorsque je vous fuyé et que je refusé d'être a vous ?

73ᵉ **EXERCICE.** (Gram. Nos 123—124 et *)

Les Élèves transcriront les phrases ci-dessus, et mettront nous au lieu de je.

74ᵉ **EXERCICE.** (Gram. Nᵒˢ 126 127 et *)

Les Elèves corrigeront les verbes ci-dessous.

Je vous avez prévenu que je ne pourré pas vo us écrire de longtemps, mais une occasion se présente plus tôt que je ne l'auré cru et j'en profite avec un plaisir que je ne sauré vous dire. — Si j'étai a votre place, voici comment j'en useré a l'égard de la pension que vous payé vos parens ; je la regarderé comme la pension d'une autre que je n'auré jamais vue et dont je n'auré jamais entendu parler. J'aimeré mieux que mon père en mourant m'eût laissé sa malédiction que s'il m'eût laissé un sou sur lequel j'eusse plus de confiance et de direction que sur les trésors de l'empereur de la Chine. Je prefereré mourir de pure misère plutôt que de me retiré du tombeau par cet argent là. Je ne puis vous dire l'époque où je retourneré à Paris parce que je l'ignore ; quand je le sauré au juste je vous en préviendré. Je pourré vousdire encore plusieurs choses intéressantes ; mais je craindré de manqué le courrier : j'y reviendré une autre fois, et le plus tôt que je pourré. — Quand je parleré le langage des anges et des hommes, si je n'ai la charité je ne suis que comme l'airain qui sonne et une cymbale retentissante. Quand j'auré toute la foi possible, que je transporteré les montagnes d'un lieu a un autre, si je n'ai la charité je ne suis rien. Quand je donneré tout mon bien au pauvres et que je livreré mon corps au flammes pour être brûlé, si je n'ai la charité tout cela ne me ser de rien. — Je souhaiteré que vous fissié beaucoup de progrès ; je seré alors bien satisfaite et à mon retour je vous récompenseré de grand cœur. Que vous diré-je qui puisse vous faire plaisir, chère Adèle ? Vous raconteré je les nouvelles du pays que j'habite ? Je les ignore complètement. Vous parleré je des personnes qui m'entoure ? Vous feré je le portrait de celles-ci et de celles-là ? Je ne les conné pas encore assez pour porter sur leur compte un jugement équitable. Vous décriré je les beautés de la capitale ? Vous détailleré je les fêtes qui s'y donne ? Je ne sor de chez moi que pour visiter les Eglises, et du moins je pourré vous dire qu'elles sont très belles et parfaitement décorées. J'auré bien désiré venere les reliques de votre Saint Patron ; mais on m'a dit que je seré forcée d'attendre l'époque où on les montre au public. — Dans le temps que tu acqueré les biens de la terre, tes amies, plus sages que toi, acqueré ceux de l'éternité. — Vous acquerié des vertus et des connaissances utiles si vous vouliez vous en donné la peine. — Les richesses que nous acqueron avec tant de peine ici-bas ne nous acqueron pas celles du Ciel. — Recouron au Seigneur dans tous nos besoins et il nous secoura certainement lorsque nous recouron à lui avec confiance. — Si je couré aussi étourdiment que toi, je couré risque de me cassé le cou. — Pourquoi, mon enfant, courié vous si fort l'autre jour ! on me rapporta que vous avié fait une chûte terrible et que vous vous mourié de frayeur ; mais je vois que, grâces à Dieu, vous ne mourez pas de celle-là. — Nous frémirion d'horreur, nous mourion d'épouvante si nous voyon une âme en péché mortel. — Puisqu'il faut mourir, qu'importe que nous mourrion un peu plus tard ou un peu plus tôt. — Nous couron aujourd'hui sur la neige, demain nous couron sur la glace ; mais y courons nous sans tombé ? — Si nous tombion, Alexis courait nous relevé et nous secourait de son mieux. — Que ne voudré je pas avoir fait pour Dieu, s'il me fallai mourrir aujourd'hui ?

75e **EXERCICE**. (Gram. Nᵒˢ 118—128—129—130.)

Les Elèves corrigeront les verbes ci-dessous.

Je sor d'une maison que j'ai quittée sans regret quoique j'ai versé quelques larmes en partant. — Tu sor d'une maison que tu n'a pas regrettée quoique tu ai pleuré en la quittant. — Je vous envoi le voile que j'ai brodé quoique j'ai grande envie de le garder. — Tu n'a pu empêché le chat d'entré dans l'office quoique tu ai fermé la porte. — Tu paré triste, tu est fatiguée, vas faire un tour de promenade pour te remettre. — Ouvres la porte, entres dans cet appartement, prend ton livre et vas chez ton précepteur étudié ta leçon : ne te le

fais pas dire deux fois, et ne me forces pas à te punir.
— Met ta confiance en ton père, écoute les conseils de
ta mère, et pratiques-les fidèlement ; ser ta patrie,
sacrifi lui ton existence, meur s'il le faut et ne te plain
pas. — Ne craind point les hommes, qui ne juge que
sur des apparences trompeuses ; craind le Seigneur qui
sonde le fond des cœurs. — Leve-toi et part, ta tante
et malade est demande à te voir ; ne revien pas qu'elle
ne soi hors de danger. — Pourquoi refuse tu d'obligé
tes compagnes ? Pourquoi les contrari tu, les querelle
tu sans cesse ? Soi désormais aussi bonne pour elles,
que tu veu qu'elles le soit pour toi. — Je croi comme
tu me l'assure, ma chère Zoé, que tu joui d'une meilleure santé, mais je croi ce que je ne voi pas et mon
cœur n'est point satisfait : si tu veu que je croi d'une
entière certitude, fai que je te voi et vien bien vite.
— J'emploi mon temps comme tu désire que je l'emploi,
c'est-à-dire aussi agréablement que tu emploi le tien.
— Emploi, je te prie, le papier que je t'envoi. — Flavie
n'emploit elle pas de la soie dans ses ouvrages de tapisserie ? Il faut que j'en essaye aussi : comment nout
elle les bouts ? Noué vous proprement les vôtres ?
— Est-il donc nécessaire, mon enfant, que tu voi ce
que je fai pour que tu croi que je m'occupe utilement ?
Redouble d'ardeur afin que ton père voi tes progrès et
qu'il ne croi plus que tu per le temps. — Nous envoyon
deux mètres de toile à Caroline ; dite moi s'il faut que
nous lui en envoyon davantage. — Hé quoi ! faut-il que
j'ai fait une faute et que tu en porte la peine ? — Tu
apportera la corbeille que j'ai demandée, et tu la laissera
sur la table a moins que je n'en ai plus besoin. — Je
ne puis te donné les aiguilles que tu demande ; je croi
que je n'en ai plus. — Voilà des orangers dont la vue
surprendra Clémence, car elle ne croi pas que j'en ai
d'aussi beaux. — Vas, cour après les papillons puisque
cela te plai, met toi en nage et per ta peine à les pour-
suivrent, ou prend les si tu peu ; je ne renouveleré pas
ce jeu qui m'a essoufflé avant-hier. Ne sor pas, restes
avec moi, assié toi, changon un exercice fatigant et
inutile en un exercice agréable et instructif; fai ce que
je te di et ne rejetes pas ma proposition, ou bien vat

en joué de l'autre côté et ne vien pas me dérangé dans mes études. — Vas, malheureux, vat en d'ici, sor de ma présence, cour te caché, vas te faire traité comme tu le mérite et ne paré plus devant moi. — Hélas ! faut-il que nous employon tant de temps pour un corps périssable, et que nous en employon si peu pour une âme immortelle ? — Vien, Charlotte, fai moi un peu de lecture et prête y toute ton attention : ne vas pas me refusé au moins, je t'en pri. — On te demande au jardin ; cour, va y de suite, porte y les graines et donne-en la moitié au jardinier. Ne marchiez pas si vite, ne fassiez pas cela. N'ailliez pas chez lui. Ne vous mettiez pas là. Ne vous méliez pas de cette affaire.

76ᵉ **EXERCICE.** (Gram. Nᵒˢ 123—131—132.)

Les Elèves corrigeront les verbes ci-dessous.

Ce prince voulé porté un édit qui effraya ses sujets et les détourna du christianisme ; mais la mort l'empêcha d'exécuté son projet impie : — Un autre porta un édit qui ébranla la foi naissante de ses sujets et les empêcha d'accueillir les Missionnaires. — David voulu bâtir un temple au Seigneur, et il rassembla pour cela les matériaux nécessaires ; mais ce fu Salomon son fils, qui commençat et achevat ce superbe édifice, que l'on comptat toujours au nombre des merveilles du monde. — Je souhaiteré un précepteur qui fu capable d'instruire mes enfans et qui leur offri dans sa conduite un modèle a imité en tout point. — Comment a tu souffert que Catherine entra dans ma chambre, qu'elle approcha de mon bureau, qu'elle regarda dans les tiroirs, fouilla partout et lu toutes mes lettres ? Voilà les dessins que fi Julie, les chemises qu'elle cousi, les bas qu'elle tricotat, les bonnets qu'elle brodat et qu'elle me chargat d'offrir à ses parens : je n'avé pu encore trouvé l'occasion de m'acquitté de cette commission. — On désire savoir pour qui est le chapelet qu'achettat Denise et ce qu'il lui coutat. — La dame qui vint l'année dernière et qui tint Léonie au baptème, tomba malade en arrivant dans sa famille ; elle mouru peu de jours après et

voulu qu'on l'enterra dans la chapelle de son château.
— Je n'auré jamais cru qu'un pareil expédient lui vin
dans l'esprit ni qu'elle obtin de si brillants succès.
— Il fallait que le Christ souffri, qu'il expira sur la
Croix, et qu'il entra ainsi dans sa gloire. — Je vi cette
femme lorsqu'elle parvin jusqu'à toi, qu'elle te parla a
l'oreille et qu'elle t'enlevat ta montre. — Il serait à sou-
haité que François s'appliqua a ses leçons et qu'il parvin
a corrigé son accent. — Je ne savé pas que Mathilde eu
autant de mémoire et qu'elle su si bien la géographie.
— Quels livres vous apportat on pendant mon absence ?
Où les placat on ? Pourquoi vous recommandat on de
les tenir cachés ? — Félicie grondat beaucoup ses enfans
hier au soir; mais qu'y gagnat elle ? Quel bien en résultat il ? Ce sont des enfans dépourvus de sentiment et
dont on ne pourra rien obtenir, les comblat on de
caresses, les accablat on de réprimandes, les assommat
on de coups. — Henri allat il vous voir jeudi ? Vous
donnat il des gravures ? Vous communiquat il ma lettre ?
Vous avouat il sa faute ? Vous parlat il de ses projets ?
Restat il longtemps chez vous ? Ne s'ennuyat il point de
votre vie solitaire ? — Vous ne devez point trahir votre
foi pour plaire au prince, vous donnat il la moitié de
son royaume, vous menacat il de la mort, vous en-
voyat il en exil, vous condamnat il aux plus horribles
tourmens. Votre aïeul n'endurat il pas les plus cruels
supplices, et ne remportat il pas une glorieuse victoire
sur le monde et sur l'enfer ?

77ᵉ **EXERCICE**. (Gram. Nᵒˢ 153—154—155—156.)

*Les Élèves distingueront le participe présent d'avec
l'adjectif verbal et elles complèteront les uns et les autres.*

J'ai vu des feux dévoran embrasan cette maison et la
réduisan en cendres. — On voit des enfans contrarian
par caractère, contredisan sans cesse leurs condisciples,
par le seul plaisir de contrarié. — Voyez-vous ces bosquets verdoyan, couvran le haut de ces montagnes et
charman la vue du voyageur fatigué ? Ils sont arrosés
par un ruisseau dont les ondes rafraîchissan et serpentan
dans toutes les directions en font un séjour charman.

— Je vous repeterai des contes amusan, recréan bien les enfans et les tenan attentifs. — Mes sœurs jouan avec mes frères sont tombées du haut de l'escalier, et en tomban se sont cassé la jambe. — Ces hommes là étaient actifs et prévoyan, arrangan toutes choses à propos, ne s'embarrasan de rien et n'embarrasan personne, excusan les autres et réparan les mécomptes, prévenan les difficultés et inspiran a tous une entière confiance. — Des ruisseaux coulan avec un doux murmure, des prés parsemés d'amaranthes et de violettes formait des bains rafraîchissan aussi pur et aussi clair que le cristal ; mille fleurs naissan émaillait les tapis verts dont la grotte était environnée. — Les soldats environnan la ville et les hameaux environnan, formait un cordon sanitaire qui nous ferma le passage. — Des glaives étincelan brillan de toutes parts, nous firent craindre de nous trouver parmi des ennemis. — Ces arbres sont bien dessinés et ravissan de beauté. — Voilà des remèdes calman et adoucissan, calman et adoucissan l'âcreté des humeurs. — La foudre retentissan à nos oreilles, ne nous ferat elle point redouté les vengeances du Seigneur ? — Au pied du trône était la mort pâle et dévoran, avec sa faulx tranchan et acérée qu'elle aiguisait sans cesse. — Nous avons vu ces hommes gémissan et pleuran sur les ruines de leur patrie ; ils étaient tremblan et demi-morts de frayeur, faisan des vœux et n'osan plus esperé de voir ses murs se relevé. — La nature toujours agissan et varian ses productions à l'infini satisfait tous les goûts. — Voilà des couleurs changan et brillan à l'excès. — La marée montant est propre a mettre les vaisseaux à flot. — La marée montan jusqu'a Rouen facilite le commerce de cette ville. — J'ai vu des lions rugissan couran après leur proie et la poursuivan dans les bois. — Les rossignols chantan aux beaux jours naissan dans de rian bocages, les hiboux huan dans de vieilles forêts et fuyan la clarté du jour, forment des contrastes frappan. — Descendan d'une race sainte, rendez-vous dignes de vos pères. — Descendan si rapidement l'escalier, ces eufans se précipiteront en bas.

78e **EXERCICE**. (Gram. Nos 158 159 et *)

Les Elèves écriront les participes passés des infinitifs ci-dessous.

Aimer, chanter, appeler, chanceler, semer, jouer, louer, saluer, employer, envoyer, servir, jouir, garantir, mentir, gémir, applaudir, sentir, haïr, courir, frémir, vêtir, offrir, souffrir, couvrir, cueillir, acquérir, assaillir, pétrir, blanchir, savoir, apercevoir, recevoir, concevoir, vouloir, pouvoir, valoir, voir, déchoir, mouvoir, craindre, rendre, prendre, prétendre, descendre, défendre, peindre, teindre, tondre, tordre, mordre, coudre, moudre, absoudre, dissoudre, répondre, plaindre, joindre, permettre, dire, écrire, étendre, éteindre, oindre, ceindre, feindre, rompre, interrompre, resoudre, lire, plaire, paraître, suffire, suivre, faire, maudire, détruire, construire, se repentir, s'abstenir, s'humilier, s'évanouir, s'absenter, s'asseoir, se remettre, se vaincre, s'enfuir, se convaincre, se repaître, s'étendre, se reconnaître, aller, venir, entrer, sortir, partir, naître, vivre, mourir.

Pour trouver ces participes passés, les Elèves en formeront des temps composés avec l'auxiliaire avoir ou être comme ci-dessous :

J'ai aimé, tu as chan..., il a appel..., nous avons chancel..., vous avez seme..., ils ont jou..., j'eus lou..., tu eus salu..., il eut employ..., nous eûmes envoy..., vous eûtes serv..., ils eurent jou..., j'avais garant..., tu avais ment..., etc., *jusqu'au bout.* Je serai allé ou allée, tu seras sorti *ou* sortie, nous serons entrés on entrées, etc., etc.

N. B. *Arrivées au participe passé, les Elèves doivent être sans doute, suffisamment exercées à l'analyse et aux diverses conjugaisons des verbes* transitifs, intransitifs, passifs, pronominaux *et* unipersonnels; *sans cela, elles ne pourraient profiter des exercices suivants.*

79ᵉ EXERCICE. (Gram. nᵒ 160.)

Les élèves désigneront les participes passés, et les feront accorder avec les substantifs auxquels ils se rapportent.

Qu'elle est belle cette nature cultivé ! que, par les soins de l'homme elle est brillan et pompeusement paré ! Il en fait lui-même le plus bel ornement et il met au jour par son art, tout ce qu'elle recelait dans son sein. Que de trésors ignoré ! que de richesses nouvelles ! les fleurs, les fruits, les grains, perfectionné à l'infini, les espèces utiles d'animaux transporté, propagé, augmenté sans nombre ; les espèces nuisibles rédui, confiné, relégué. L'or, et le fer plus utile que l'or tiré des entrailles de la terre ; les torrens contenu, les fleuves dirigé, resserré, la mer soumis, reconnu, traversé d'un hémisphère a l'autre ; la terre accessible partout, partout rendu aussi vivant que féconde ; dans les vallées, de rian prairies ; dans les plaines, de riches paturages ou des moissons encore plus riches ; les collines chargé de vignes et de fruits, leurs sommets couronné d'arbres utiles et de jeunes forêts ; les déserts devenus des cités habité par des peuples immenses qui, circulan sans cesse, se répandent du centre jusqu'aux extrêmités ; des routes sûres et fréquenté ; des communications établi partout comme autant de témoins de la force et de l'union de la société. — Né le plus souvent dans l'orgueil, les vertus humaines y trouve leur tombeau ; formé par les regards publics, elles vont s'éteindre dans les ténèbres ; appuyé sur les jugemens des hommes, elles tombe sans cesse comme ces appuis fragiles.

Brulé par l'ardeur du soleil et fatigué d'une longue course nos voyageurs s'arrêtèrent dans une vallée ombragé de peupliers. Agité par le crainte, affligé par le souvenir de ses iniquités, épuisé par une longue résistance, mon âme vous cherche, ô mon Dieu ! — Egaré par sa raison, troublé par son imagination, assailli par les craintes de l'avenir, l'insensé court à sa perte. — Blâmé, contredi, raillé, méprisé et battu, ces malheureux se retirèrent souffrant et confu mais non découragé. — Ces portraits, pein par un habile artiste et parfaitement ressemblan, se voient encore dans la principale pièce du chateau de M..... — Nous vimes des milliers de cadavres gisan sur le champ de bataille et a demi devoré par les oiseaux de proie. — Béni et adoré soit a jamais, la très-aimable volonté de Dieu. — Béni soit dans tous les siècles, les saints Noms de Jésus et de Marie.

80e **EXERCICE**. (Gram. no 161.)

Les élèves corrigeront les participes ci-dessous.

Nous oublions aisément nos fautes, lorsqu'elles ne sont su que de nous. La mort n'est prématuré que pour celui qui meurt sans vertus. — vos amies seraient arrivé ce matin si elles n'avaient été retenu par la pluie. — Nous sommes retourné par un autre chemin que celui par lequel nous étions venu. — Les hommes passent comme les fleurs qui, épanoui le matin, le soir sont flétri et foulé aux pieds. — J'ignorais où étaient allé mes compagnes ; je sais maintenant qu'elles étaient renfermé dans leur cabinet et occupé à écrire des lettres qui seront lu avec plaisir. — On nous rapporta que les voleurs avaient été poursuivi et que se voyan sur le point d'étre attein, ils s'étaient enfui dans le plus épais du bois. — Cette personne était né avec d'heureuse dispo-sitions ; mais son éducation fut négligé. — Ces enfans arrivan tard à l'école, rian, jouan, caquetan sans cesse se trouven les plus ignoran et seront privé des récom-penses du au travail et à l'application. — Lorsque l'âme est agité, la face humaine devient un tableau vivan où les passions sont rendu avec autant de délicatesse que d'énergie, où tous les mouvemens de l'âme sont ex-primé par un trait, et où chaque action est désigné par un caractère. — Que sont devenu les demoiselles con-fié à vos soins ? Elles étaient sorti ce matin, et devaient être rentré ce soir ; quand elles seront revenu, vous leur direz que leur tante est parti. — Le cœur de l'hom-me ingrat est semblable à un désert qui boi avidement la pluie tombé du ciel, et ne produi rien. — Je vis les fruits qui étaient tombé de l'arbre ; ils furent ramassé et mangé par Nathalie qui s'était caché derrière la haie. — Là nous sont proposé les profondeurs incompréhen-sibles de l'Etre suprême ; là sont expliqué les mystères qui étaient enveloppé et connu seulement dans les anciens monumens. — Vos yeux ne sont pas clairs et brillan ; ils sont au contraire ternes et larmoyan, laissan continuellement couler des larmes. — Avant que Rome fût gouvernée par un seul, les richesses des principaux Romains étaient immenses ; elles leur furent toutes oté sous les empereurs. Cependant quoique les sources des richesses fussent coupé, les dépenses subsistaient toujours ; le train de vie était pri. — Bien loin d'être contredi, blâmé, repri ou corrigé, ces enfans serous caressé, applaudi, flatté en toutes rencontre. — Les malheureux qui ont été proscri, poursuivi par leurs ennemis et banni de leur patrie seront condui demain sur les frontières. — Vos lettres étaient parfaitement écri ; elles seront sûrement loué, admiré et proposé pour modèles ; quand elles auront été lu, copié et transcri, elles vous seront rendu. — Ces évènemens ont été détaillé et décri, les personnages ont été caractérisé, dépein et démasqué de la manière la plus plaisan.

81ᵉ **EXERCICE**. (Gram. nᵒˢ 162-163-164.)

Les élèves désigneront les complémens directs des participes en tirant un trait au dessous, et elles feront l'accord.

Voilà les manchettes que j'ai repassé, les dentelles que j'ai blanchi à neuf ; comment trouvé vous tout cela ? — Nous avons poursuivi et attein au bout de l'allée, les deux chevreaux qui s'étaient sauvé de l'étable. — Vos maîtresses se sont réjoui de vous avoir toujours vu obéissantes et laborieuses. — Elles ont apercu dans le jardin, plusieurs élèves qui y étaient allé sans permission ; elles m'ont données l'ordre de les faire rentré ; je suis donc descendu, je les ai appelé et poursuivi, enfin je les ai attein et semoncé d'importance ; je pense que ces étourdies ne seront plus tente d'y revenir : elles ont bien promi de se corrigé. — On vous a envoyé des livres, les avez-vous recu ? Vous me direz comment vous les avez trouvé quand vous les aurez lu et examiné. — Nous avions béchés nos carrés, nous y avions semés des graines, mais elles n'ont pas levées. — Les noyaux de cérises que j'avais plantés ont germés ; les arbres que tu avais greffés

n'ont pas encore poussés. — Nos oliviers avaient souf-
ferts du froid et ils ont péris. — Cet enfant a lu, cette
petite fille a lu. — Je croyais que vous aviez vu et ap-
prouve les couplets que Sophie a compose et que j'ai
transcri sur un papier vélin. Il paraît que vous n'aurez
pas commencés vos lettres quand j'aurai finis les miennes. — Telle fut la reine dans tout le cours de sa vie :
Dieu l'avait élevé sur le trône afin qu'elle honora la religion, il l'avait uni au plus grand roi du monde, afin
que sa vertu fût plus regardé. — Nous avons approfondis
nos obligations, nous avons examinés et reconnus les
fautes dans lesquelles nous sommes tombé. — Vous
auriez dû faire des excuses aux personnes auxquelles
vous avez manquées. — A peine Laurence avait elle
parue dans le salon qu'elle a disparue aussitôt, — J'ai
craind ces fruits, quoique je connusse l'arbre qui les a
portes et où ils ont mûris. — Les eaux qui ont jaillies
de cette source sont tombées sous cette roche d'où elles
sont sorti par l'écluse et ont arrosées la prairie. — Les
enfans ont appellés, ils ont criés et frappés; les as-tu
entendus ? leur a tu répondus ? Marie leur a pariés po-
liment et ils ne l'ont pas écoutés, et ils l'ont traités de
folle. — Nous avons admirés les tableaux que vous avez
peint. — Ces malheureux ont pleurés, ils ont soupirés et
gémis toute la nuit, et personne ne les a secouru, personne ne les a consolés. — Edouard a travaillé, Sophie a
travaillée, vos frères ont travaillés, vos sœurs ont tra-
vaillées.

82e **EXERCICE.** (Gram. n°s 161-162-163)

*Les élèves désigneront les complémens directs et feront l'ac-
cord du participe.*

Le souvenir des peines qu'a enduré le sauveur a sou-
lagé nos cœurs abatu. — Votre mère a-t-elle expédiée les
marchandises qu'on lui avait demandée ? — Ces jeunes
personnes ont constamment parues vertueuses; j'espère
qu'elles seront toujours fidèles aux principes qu'on leur
a inculqué dans leur enfance. — Les leçons que vous
avez reçu ont été reconnu nécessaires dans votre po-
sition. — Les conseils que je t'ai donné en t'invitant à
t'appliqué, ne peuvent qu'être approuvé de tout le monde

tu ne te repentira pas de les avoir suivi. — On ne peut qu'admiré les talens que ce magistrat a déployés dans une affaire jugé si difficile. — La patrie peut être regardé comme la mère commune que le Seigneur a donné à ces grandes familles appelé *nations*. — Les mauvaises compagnies que Lucien a fréquenté l'ont égaré, et quand elles l'auront entièrement perdues il ne pourra plus revenir sur ses pas.

Nous connaissions les vertus qu'avait pratiqué Louis, nous avions entendus les conseils qu'on lui avaient doné et qu'il avait si fidèlement suivi ; nous avons étés témoins de la conduite admirable qu'il a tenu pendant son séjour au collége et de sa modestie ravissan, frappan les regards de tous ceux qui ont vu ce saint jeune homme; mais nous n'avons pas marchés sur ses traces. — La somme de huit cent francs que j'avais payés m'a étée redemandé ; mais je ne l'ai pas donné. — Les petites filles dont vous m'aviez parlées et que vous m'avez tant recommandées sont venu à l'école ; elles ne m'ont pas parues disposé à suivre les avis que vous leur avez donnés, et je ne les aient pas jugé dignes l'intérêt que vous leur aviez montrées. — Les reflexions qu'a fait notre maîtresse et qu'elle m'a communiquée, m'ont parues très judicieuses. — Ces fruits leur avait semblés mûr et avait tenté leur gourmandise ; c'est pourquoi ils les ont cueillis et mangé. — Les lettres que vous aviez écrit ont étées perdu; on les a cherché inutilement, elles n'ont pues se retrouvé. — Vos sœurs ont beauconp étudiées pendant les deux heures que vous avez dormies ; elles ont ensuite courues et gambadées dans le jardin, car elles avaient très bien récitées les leçons qu'elles avaient appris. — Les personnes que vous avez contredi et interrompu se sont fâchées ; elles se sont plain à votre père qui exige que vous en soyez puni, ma pauvre Adèle. — Touché, attendri, pénétré de vos bons procédés, Thérèse a promi de vous être soumise. — Mes filles sont revenues tard de la classe ; elles ont dinées de bon appétit, et sont retournées aussitôt au travail. — Dieu nous a créé à son image, il nous a doué d'intelligence pour le connaître, il nous a donné un cœur pour l'aimé, il nous a comblé de faveurs, et nous en a promi de plus grandes encore si nous observons les commandemens qu'il nous a donné. — J'ai fait les remèdes que l'ont m'avait prescris, et ils m'ont faits grand bien. — Les grandes réputations ont enchaînées les opinions et décidées les suffrages. — Tous les hommes qui ont contemplés la marche régulière des astres, ont reconnus l'existence d'un Etre tout-puissant. — La vie de l'homme finit comme elle a commencée : dans les souffrances et dans les larmes. — Les fruits verts que tu a mangé, ma chère Agathe, t'ont causée les coliques que tu as endurée. — Quel droit vous a rendu maîtresses de cette maison, mesdames ? — Là se trouvait réuni les grands hommes qu'a produi la France. — Les hommes qui ont le plus vécus ne sont pas ceux qui ont comptés le plus d'années. — Mesdemoiselles vous êtes nées dans un climat qui vous a rendu robustes. — Le mérite de son style tient aux progrès qu'a fait la société en France. — Vos esclaves, madame, vous ont trahi, ils vous ont vendus à vos ennemis. — Les services que ma fille avait reçue de vous, l'avait pénétré de reconnaissance.

83ᵉ **EXERCICE** (Gram. nᵒˢ 166 - 167)

Les élèves feront comme ci-dessus.

Vos concitoyens s'étaient attirés de grands malheur. — Ils ont étés vaincus par les ennemis qu'ils s'étaient fait et qu'ils s'étaient imprudemment attiré sur les bras. — Ces femmes se sont attiré mutuellement dans le piège qu'elles s'étaient tendues. — Ma jambe que j'ai sentie mordre par ce chien, je l'ai senti s'engourdir à l'instant.

La femme que tu a vu battre ses enfans est celle que j'avais vu battre par son mari. — Les ruisseaux que tu a vu couler et que tu as vu détourner ont fertilisés ces prairies. — Ma fille que j'ai envoyé chercher son frère, est celle que j'ai envoyée chercher à la pension. — La montre que nous avons vue voler n'est pas celle que nous avions vue tomber. — Ces méchans enfans se sont disputés toute la matinée ; ils se sont disputés une orange, ils se sont faits des grimaces, et, après s'être donnés des coups de poing, ils se sont jettés des pierres. — Ces filles s'étaient injuriés tout le jour, elles s'étaient querelle et battu avec un acharnement étrange. — On ne saurait concevoir les maux que s'est faite Virginie par sa mauvaise langue. Ursule s'était faite mal à la jambe ; mais elle s'est faite un remède qui l'a guérie. —Ces petites filles sont fort gaies, tu les a faites rire, tu les a faites sauter tant qu'elles ont voulues.—Joseph s'est fai prêtre, sa sœur s'est fai religieuse, tes frères se sont fai chartreux, tes cousines se sont fai carmelites.—Ma chère enfant, tu t'es faite une blessure, tu t'est blessée la jambe, tu t'est blessée à la tête.—Les personnes que nous avons vu périr s'étaient exposées imprudemment.—Les paysages que j'ai vus calquer étaient charmans ; je les ai vu achever par celle de tes sœurs que j'avais entendu chanter dans un concert.— Voilà de beau livres que vous avez dédaignés de recevoir, et que vous avez refusés de lire, je ne sais pourquoi. —Nous avons gâté les robes que nous avions essayé de couper.—Les souliers que tu avais essayé ont été vendu à une autre.—Ce sont des fruits que j'aurais craints de manger.—Chère Julie, a tu vue les avocats que je t'avais priés de voir? Tu retournes encore chez les dames que l'on t'a défendues de fréquenté.—Pour être sûr de la vérité, il faut l'avoir entendue énoncer d'une manière claire et positive.—Les arbres que j'ai laissé croître librement ont bien grandis.—L'alliance que ce prince avait envoyée demander lui fut acordée.—Cette femme s'est conciliée l'estime de tous les honnètes gens : elle s'est choisie une compagne intelligente et adroite.—Albine s'était senti malade, et cependant elle s'est sentie le courage de monté à cheval.—La promenade qu'a fait Julie lui a fait grand bien.—Nous avons sus qu'elle s'était donnée la mort avec du poison.—Ces enfans se sont avoués coupables ils se sont avoués réciproquement leurs torts.—Ces dames s'étaient mutuellement reconnues des droits à votre succession ; mais elles se sont ensuite rendu incapables de vous succéder.—Ces trois ministres s'étaient succedés en peu de temps.—Les années que ce prince a régnées, on éternisés sa mémoire.—Les trois mois que Félicie a langui en prison lui ont parus trois siècles.—Caroline s'est procurée une bonne domestique, elle s'est proposée de la garder toute sa vie.— Les personnes qui ont établies cette maison ont bien méritées de la patrie. Mélanie, as-tu terminé les bonnets que je t'avais donné à faire et les cantiques que je t'avais chargé de transcrire ?

82e **EXERCICE.** (Gramm. nos 168—169—170—171—172.)

Les élèves désigneront les complémens directs des participes, et feront l'accord.

Nos ennemis se sont ris de nos maux. – Ces dames se sont retirées à la campagne, et se sont suffies à elles-mêmes. – Nos petites filles se sont appliquées de vigoureux soufflets ; cela ne serait pas arrivé si leurs mères s'étaient appliquées à leur inspiré de bons sentimens. — Les habitans de la ville se serait ils laissé assommé comme des victimes ? — Les bergers ont ramenés les chèvres que vous aviez laissé errer dans la forét. — Les blés que vous avez faits couper, je les avais vus semer. — O Nathalie ! Si le destin t'eut laissé vivre ! — Nous avons fait toutes les démarches que nous avons dues. — Dès que ces demoiselles se sont vues, elles se sont souries, elles se sont parlées, elles se sont embrassées et se sont racontées toutes les nouvelles du temps. — La langue espagnole est celle que j'ai parlé plus habituellement. — Vos parens s'étaient plus à nous contrarier et en cela ils se sont nuis. — Vos oncles, qui s'était proposés pour maîtres de langues, se sont proposés diverses questions qu'ils n'ont pues résoudre. — Je suis étonné, Madame, que vous ne m'ayez pas envoyé les objéts que je vous avez priés de m'adresser à Bordeaux. — Nous vous envoyons le cachemire que vous nous aviez achetés et que vous nous aviez prié de vous expédier par le bateau à vapeur. — Vous continuez à fréquenté les amies que je vous avez défendues de voir. — Vous avez refusé les remedes que l'on vous avaient ordonnés de prendre. — Ces deux hommes s'étaient prescrits de grands devoirs à remplir ; ils s'était imposés des obligations difficiles, s'étant obligé à vivre pauvrement. — Joréphine n'a pas remplie les devoirs qu'elles s'était prescrite. — Nous avons plain les deux petites filles que tu a faites chasser de l'école. — Ces jeunes personnes se sont déclaré catholiques ; elles s'étaient déclaré leurs sentimens. — La géographie est une science que j'ai aimée à cultiver.—C'est une chose que nous avions résolue de faire. — On attribuera votre retard aux pluies qu'il a faites, aux froids qu'il y a eus, aux orages qui se sont succédés. — Savez vous le nombre de jours que vous avez vécus ? — Que de malheurs il vous est arrivés ! Que de maisons il s'est bâties cette année ! — Ma fille, je vous interdis la compagnie des personnes que je vous ai entendues louer et que je vous ai vues trop souvent fréquenter. — Les hommes que la vérité s'est assujétie sont bien différens de ceux que la passion s'est asservie.

EXERCICE. (Gram. nᵒˢ 193—194)

Les élèves écriront les mots ci-dessous, et les accompagneront des substantifs qui en sont les dérivés.

Accorder, *accord* ; acquitter, *acquit* ; abricotier.... — appuyer .., . — apprèter ,.. — arréter ..... artiste ... — arcade .... — assignation .... — aviser .... — argenter embrasser .... — accrocher .... —aborder... — abuser. .. — assassiner ... — crier ...— cadenasser... — attribution ... — cabaretier ... — champêtre... — camper.. . — chanter ... —caqueter ... — compasser ...— créditer ... — crocheter ... débiter... — dégoûter... —draper ... — darder ... — doigter ... — écarter ... — débarrasser ... — respecter ... — éclater ... —cacheter. ... — engraisser ... — excessif... — exactitude ... —indigoterie ... — jeter ... — planer ... — planter ... — paysage ... — plier ... —plomber ... — poignarder... — polir ... — potable ... — préciser ... — prévôté ... —primatial ... — profitable ... —professer... — profondeur... — progressif... — seconder ... — salutation ... — sangloter ... — sanguin ... — sensation ... — serpenter ... — sourciller... — subitement ... — souricière ... — tamiser ... — tarder ... == trafiquer ... — tricoter ... — bondir ... — boueux ... — bâter .., — exploiter... —brigandage... — fusiller ... — galoper... — persister ... — hasarder ... — larder ... — magistrature ... —prélature ... tapisser ...universel ... — léguer... — disposer. .. —discuter ... — convertir ... — employer ... —balayer ... — envoyer ... —essayer ... —ennuyer ... — ganter ... — achalander ... — acheminer ...

85ᵉ **EXERCICE** (Gram. nᵒˢ 196 - 197 - 198 - 199.)

Les élèves compléteront les substantifs en italique des phrases ci-dessous.

La *bou* de la *ru*; la *rou* du char ; la *plai* du cœur ; la *clé* de la porte ; *l'allé* du jardin ; la *hai* du pré ; la *jou* vermeille ; la *plui* rafraichissante ; *l'oui* fine ; la *vu* claire ; la *statu* colossale ; la *pi* voleuse ; *l'amitié* sincère ; la *parenté* affectionnée ; la *santé* florissante ; la *charité* héroïque la *queu* du serpent ; la *moitié* de la terre ; la *joi* pure ; la *jalousi*, *l'envi* aux yeux farouches ; la *laitu* amère ; la *piété* aimable ; la *vertu* persévérante ; *l'assemblé* nombreuse ; la *charreté* de foin ; la *cherté* des vivres ; une *denré* rare ; la *cheminé* du salon ; la *cuilleré* de café ; la *rai* du papier ; la *journé* agréable ; la froide *matiné* ; une *soiré* d'automne ; une *rangé* d'arbres ; une mauvaise *plaisanteri* ; une *fusé* légère ; une bonne *risé* ; une *pelleté* de feu ; une *armé* formidable ; une *porté* de fusil ; une *écuellé* de bouillon ; une *fricassé* de poulet ; une *fourné* de pain ; une *anné* d'abondance ; la *stérilité* du sol ; *l'affabilité* des manières ; une *niché* d'oiseaux ; une *bouilli* de farine ; une *métairi* considérable ; une *cru* d'eau ; la *gelé* de coing ; la *veillé* du chateau ; la *dicté* du devoir ; un *paraplui* rouge ; un *lycé* renommé ; un animal *amphibi* ; un *impi* avéré ; un *trophé* d'armes ; un vaste *géni* ; un affreux *incendi* ; une bonne *renommé* ; la *légéreté* de l'âge ; *l'étourderi* de l'enfance ; *l'équité* du magistrat ; la pieuse *pensé* ; une *lieu* de distance ; la *poigné* de *l'épé* ; la *charru* du laboureur.

86ᵉ **EXERCICE**. (Gram. nᵒˢ 200 - 201.)

Les élèves mettront e *ou* a *à la place de l'astérique.*

La surveill*nce, la désobeiss*nce, la confi*nce, la confid*nce, l'imprud*nce, l'exist*nce, l'abond*nce, l'arrog*nce, l'insol*nce, la dép*nd*nce, la veng*nce, l'excell*nce, l'int*nd*nce, la t*mpér*nce, l'exig*nce, l'oblig*nce, la compét*nse, la néglig*nce, l'éloqu*nce, l'appar*nce, la v*nd*nge, l'innoc*nce, la complais*nce, la prét*nd*nce, l'indol*nce, la médis*nce, l'ignor*nce, la sci*nce, la connaiss*nce, la t*nd*nce, l'expéri*nce,

la conniv*nce, la prov*nce, la gar*nce, la récomp*nse,
la g*nse, la p*nse : la p*nsée, le p*nsement, la pot*nce,
la jouiss*nce? l'audi*nce, la révér*nce, la s*nt*nce,
la croy*nce, la d*nse, la d*nt, l'off*nce, la déf*nse, la
quitt*nce, l'enf*nce, la circonst*nce, la bal*nce, l'ai-
s*nce, la résid*nce, l'influ*nce, la délivr*nce, la cons-
ci*nce, la confér*nce, la subsist*nce, la naiss*nce, la
puiss*nce, la condesc*nd*nce, la pétul*nce, la noncha-
l*nce, la consist*nce, l'effervesc*nce, la présid*nce, la
dép*nse, la défér*nce, l'impat*nce, l'import*nce ; l'in-
souci*nce, la suffis*nce, l'indig*nce, l'indiffér*nce, la
préfér*nce, l'assur*nce.

87ᶜ **EXERCICE** (Gram. nos 202.)

*Les élèves corrigeront les fautes qu'elles reconnaitront
dans les phrases ci-dessous.*

Un afreu acablement, une sévère rédition de compte,
l'accadémie francaise, l'acueil gracieux, l'occéan pa-
cifique, l'ocasion dengereuse, le grand proffit, le
preffet du département, l'éfet salutaire, la rigoureuse
déffense, le deffaut dominent, l'abé de la trape,
l'acsan grave, de tandres adieu, le reddacteur du
journal, la diformité horible, l'interressant acusé,
l'étonente diférance, l'étrenge défience', l'offanse cri-
ente, l'apel nominal, le proffeseur habille, la boufoneri
ridicule, le vigoureux souflé, les allimens sains, les
alumetes phosphoriques, les louenges bannalles, la
brutalle vangence, l'alé de tilieuls et de maroniers,
la règle d'aliage, la délégation du juge, l'alégation men-
songère, l'allongement de la ru, la règle dificille, le
talen utille, l'honète comercent, le comi voyageur, la
reparti comique, la comission indiscrette, la croutte
de pain, la goute d'eau, la proffonde affliction, la teri-
ble tenpette, la tronpette sonnore, la cruele opresion,
la flame étincellante, le dégouttant mellange, la supre-
sion des honoraires, un irésistible atrait, l'aproba-
tion inpériale, le tanbour major, le tonbeau magnifique, la trenblante inpératrice, la plasse de l'enbassa-
deur, la marmote en vi, la dévotte dicimulé, le tenpe-
ramment irrassible, la dessente rappide, l'apartement
suprimé, l'oficier inportun, l'éfusion du sang, l'inffu-

4

sion de mélice, la pellice fouré, le calisse d'action de grasses, oprobre, infamie, navete, girouete, cacerolle; carrote, calote, doutte, pilotte, crote, anputation, tranblement, inpatiance, anpleur, enploi.

88e **EXERCICE** (Gram. nos depuis 2o3 jusqu'à 2i5.)

Les élèves mettront les majuscules, accens, cédilles, apostrophes, traits-d'union, trémas, et corrigeront les phrases ci-dessous.

les idumeens sont descendu desau, fils de jacob. saul fut reprouve a cause de sa desobeissance et le seigueur donna son royaume a david fils d isaie. — vous avez use mal a propo d une severite qui sera prejudiable a mon enfan et au votre. Cet negocian a dans paris, une superbe maison qu il a loue lete dernier a quelqu un que vous connaissez. — la seine a sa source en bourgogne, elle passe a chatillon sur seine, a troyes, a melun, a paris, a rouen, et se jete dans la manche pres du havre. — jesus christ se contentait souvent d eau et de pain d orge pour sa nourriture, et s il diminuait un peu de cette rigueur lorsqu on l invitait a manger, il la reprenait aussitot apres. — si l on connaissait la malice du peche et l injure qu il fait a Dieu, on n y tomberait pas si souvent. — il est dificile de determiner au juste jusquou setent cette imense plaine qu on ne peu franchir qu apres plusieurs journes de marche. — des qu il eut termine sa lettre il ala la porte lui meme a la poste. — l acier n est autre chose que du fer prepare dune certaine maniere. — on trouve de lor dans la presquile en deca et au dela du gange. — nous arrivame presqu aussitot que vous au pied du rocher. — cet enfan est naif et candide comme l inocence. — l arc en ciel est un phenomene qui apparait apres la plui. — il faut severement reprimer les acces de votre caractere irrassible. — vous devez cent quarante frans a culalie et deux cents quatre vingt a louise. — nous devons remplir notre devoir quoiquon dise et quoiqu on fasse pour nous en detourne. — donnez moi ce papier sil vous plait. — la grande clasce est tenu dans une grand salle cedee a linstitutrice par ma grande mere et ma grande tante qui demeuraient l une et l autre a la grande rue. — Dieu donna sa loi a moise sur le mont sinai.

89e **EXERCICE** (Gram. nos 216 - 217.)

Les élèves corrigeront les fautes qu'elles reconnaîtront dans les phrases ci-dessous.

On a fait des yeux de bœufs a toutes les maisons de la grande rue. — Ce peintre reussit admirablement dans les cieux de ses tableaux. — mes deux ayeux sont venus me voir a la pension ; ils avaient encore les œils rouges des larmes que leur a fait verse la mort de ma mère. — Tu te glorifies mal a propo des belles actions de tes ayeuls. — Donnez moi des David et des Pharaon amis des peuples, et ils pourront avoir des Nathan et des Joseph pour ministres. — Tous ceux qui ont ecri l'Histoire n'étaient ni des Tacite ni des Hérodote. — L'espagne s'enorgueillit d'avoir produi les deux Sénéques. — On a vu peu d'Auguste, de Scipion, de Richelieu, de Condé, vivre familierement avec les hommes de génie, a l'exemple des Auguste, des Scipion, des Richelieu et des Condé. — Les vertus pouvaient elles fleurir sous les Neron, les Caligula et les Domitien ? — Qui n'a admire le zele des francois Xavier, des vincent de Paul, des paulins, des jeans de matha, qui ont traversés les mérs affrontés mille périls et la mort meme, pour gagne des ames a Dieu. — Si Rome se glorifie davoir donne le jour aux Cicéron, aux Virgiles, aux Tacites aux Tites Lives, la france peut cite aussi les molières, les boileaux les corneilles. — Si nous en croyons les historiens espagnols qui ont parlé des peuples qui habitaient l'amerique avant sa decouverte, ils avaient eus aussi leurs Alexandre et leur César. — Les Pauls et les Antoines ont fleuris dans legypte. — On a toujour admiré la foi des Gédéon, des barac, des samsons, des jephtés, des Davids, des Samuels et des autres prophetes. - Nous avons brodé trois cieux de lit magnifiques. — Dieu règne au dessus des cieux. L'Italie est sous l'un des plus beaux cieux de l'Europe.

90e **EXERCICE** (Gram. n°s 218 - 219.(

Les élèves mettront au pluriel tous les mots qui en sont susceptibles dans la phrase ci-dessous.

Les agenda, les impromptu, les quolibet, les récépissé, les car, les si, les pourquoi, les comment, les bravo, les alléluia, les duplicata, les opéra, les alinéa, les libéra, les oui, les non ; deux quatre suivi de trois zéro font quarante quatre milles. — Je vous félicite des solo, des duo, des trio, des quatuor que vous avez exécuté. N'oubliez pas de lire les post scriptum de la lettre que je vous ai adressé. — Si vous réussissez dans cette entreprise, nous chanterons des te deum. — Le rosaire est une priere composé de seize pater et de cent cinquante ave. — Vous réciterez trois credo et trois confiteor a mon intention. — Des abat jour, des appui mains, des blanc seing, des coupe gorge, des couvre feu, des gripe sou, des passe droit, des passe port, des serre tete, des tete a tete, des terre plein, des tire lire, des chef dœuvre, des creve cœur, des plain chant, des passe partout, des gâte métier, des avant coureur, des avant cour, des avant quart, des bec de cane, des tire ligne, des pied de biche, des après midi, des arc en ciel, des coq a l'âne, des arrière boutique, des arrière neveu, des basse taille, des brise tout, des pot pourri, des bout rimé des eau de vie, des vol au vent, des crin crin, des dent de loup, des garde malade, des garde boutique, des vice roi, des prête nom. — La france a été divisé en quatre vingt dix départemens qui ont été subdivisé en arrondissemens ; les villes ou résident les sous prefet se nomment chef lieu d'arrondissemens. Les rez de chaussée sont ordinairement mal sains. — Vos belle sœurs sont arrivé ce matin avec vos beau frere. — Nous avons brodé des porte montre et des porte feuille fort joli. — Il y a deux cailles laits, le blanc et le jaune : ce sont deux plantes qui caillent le lait. Le vrai chrétien doit se mettre au dessus des qu'en dira-t-on.

(77)

91ᵉ **EXERCICE**. (Gram. depuis 228 jusqu'à 242.

Les élèves compléteront les mots en italique.

On voit beaucoup d'horloges qui sonnent les *quar* et les *demi*. — Ceux qui, après avoir vaincu les ennemis ne savent pas vaincre leurs passions, ne sont que des *demi* héros. — Les *demi savan* sont nuisibles dans la république des lettres. — Nous sommes arrivé à deux heures et *demi*, après une *demi* heure de marche. — J'ai employé une *demi* journée à écrire. — On nous a apporté trois quintaux et *demi* de poires avec trente livres et *demi* de sucre. Voilà une *demi* douzaine de chemises que vous placerez dans votre armoire. — Si nos soldats avaient su marcher *nu pied* la ville n'aurait point été prise. — Les enfans se plaisent à courir les *pied nu*, c'est une mauvaise habitude. — Autrefois il fallait que les esclaves allassent *tête nu* pour marque de servitude, et maintenant ils sont encore obligés d'aller *pied nu*. — Elles ont assisté à la procession *nu pied* et *nu tete*. — Mes amis sont les *meilleu gen* du monde. — Voilà de *vilain* gens, de *so*, *d'orgueilleu* gen. — C'etaient des gens igno-*ran*, *superstitieu* et *méchan*. — L'aigle *for* et *courageu* s'élève très haut dans les airs. — Souffrir pour Dieu est *un délice*. — L'orge *perlé* s'emploie en pharmacie ainsi que l'orge *mondé*. — Mes paques sont *fait*. — Paque est *tardi* cette année. — cet orge est bien *levé*. — Nous avons vu des orgues *charman* dans les églises d'Allema-gne. *La meilleure orgue* que nous ayons *entendu* est *cel...* de Prague.

92ᵉ **EXERCICE**. (Gram. no 248.)

Les élèves mettront au pluriel ou au singulier, les quali-ficatifs ci-dessous, suivant le sens des phrases.

C'est en vain qu'on met la véritable gloire dans la ré-putation et la probité *mondaine*. Le soupçon qui se ré-pandit dans le camp y excita des plaintes et un mécon-tentement *généra...* Une servitude accablante demande un courage et une patience vraiment *héroique*. Cette défaite diminua l'estime et l'affection *publique*. Socrate, condamné à mort, vît la plupart des spectateurs solliciter en sa faveur ; mais il s'y opposa avec son courage et sa fermeté *ordinaire*. Nous avons trouvé une noblesse, une grandeur d'âme *étonnante* dans ce jeune homme. J'exposerai ici à vos yeux, les tristes images de la religion et de la patrie *éplorée*. Cette princesse, née sur le trone, avait l'esprit et le cœur plus *haut* que sa naissance. Auguste gouverna Roma avec une modération, une douceur *admirable*. Louis XIV honora les lettres de cet attachement, de cette protection *capable* de les faire fleurir ; aussi son règne fut-il le règne de poésie et de la littérature *portée* au plus *hau* période. L'autruche a la tête comme le cou, *garni* de duvet.

93ᶜ **EXERCICE**. (Gram. nᵒˢ 249-250-251.)

Les élèves corrigeront les mots en italique qu'elles trouveront défectueux.

Les grands, les princes, les rois, Dieu même peuvent être pris à *témoins* mais non pas pour *témoins*. Nos âmes ont coûté bien *chers* à Jesus-Christ. Voilà des épinards trop *clairs-semé*. Vous mettrez vos écharpes *rases* et vos ceintures *cramoisies*. Elise a les cheveux *chatains clairs*. La gelée a été très-*fort* cette nuit ; mais hier il a gelé encore plus *fort*. Ces marchandises nous ont été vendues très-*chers*. Les denrées sont fort *cher* cette année. Nous vîmes des femmes *court vétu* qui voulurent haranguer la princesse ; mais elles demeurèrent *court*. Voilà des fruits que l'on vendra *cher*. Mes enfans me sont *cher*. Cette paille a été hâchée trop *menu*. Tes cheveux ont été coupés trop *cour*.

94ᶜ **EXERCICE** (Gram. nᵒˢ 256 - 257.)

Les élèves complèteront les mots en italique.

Nos Maîtresses corrigeront elles-*même* les devoirs. J'ai lu les *même* livres que vous. Les richesses ne rendent point l'homme heureux : ceux-*même* qui les possédent ne sont point satisfaits. Le traître tourna contre sa patrie, les armes *même* qu'il avait *juré* de ne faire servir qu'à sa défense.   Nous arrivâmes dans une île *inconnu* à ceux-là *même* qui l'habitent. Mes chères amies, je vous regarde comme d'autres *moi-même* : nous avons les *même* goûts, les *même* penchans, nous goûtons les *même* plaisirs. Les bienfaits *même* veulent être assaisonnés de manières gracieuses. Les grands, les petits, les savants, les ignorants *même* aiment la musique. C'est dans les écrits, *même* des ennemis de la religion, que nous trouvons les plus pompeux élogesde la religion. Les Egyptiens adoraient les astres, les animaux, les plantes *même*. Les pauvres, les riches, les rois *même* sont sujets à la mort. Les Romains n'ont pu vaincre les Grecs que par les Grecs *même*. Comment un autre pourrait-il garder notre secret quand nous ne pouvons le garder nous *même* ?

95º **EXERCICE** (Gram. nᵒˢ 258 - 259 - 260 - 161)

Les élèves compléteront les mots en italique.

Nous aimons également *tou* nos élèves, parce qu'elles nous paraissent *tou aimable*. Faites *tou* vos efforts, employez *tou* votre pouvoir, *tou* votre crédit pour réussir dans l'affaire de votre salut. Employons *tou* nos talens, *tou* nos richesses, notre science pour faire bénir le Seigueur. L'âme demeure *tou* étonnée *tou* stupéfaite à la vue des grandes scènes de la nature. Ces enfans sout *tou* feu, *tou* esprit, nulle difficulté ne les arrète. Cette femme était *tou* yeux et *tou oreille*. Elle a les mains *tou* écorchées, |*tou emportée*. On vit ces malhereux *tou* tremblants de frayeur, *tou* transis de froid demander avec instances un asile ponr la nuit. Nos Vaisseaux sont *tou* prêts et le vent nous appelle. *Tou* méchans que nous sommes nous voulons cependant être aimés. Les bons, *tou* fermes qu'ils sont dans la vertu, doivent éviter le commerce des méchants, si bientôt ils ne veulent devenir *tou* aussi méchants qu'eux. Cette femme méritait une *tou* autre fortune ; *tou* autre place qu'un trône était indigne d'elle. Nos élèves sont *tou* zèle, *tou* application, *tou* attention quand il s'agit de s'instruire. Cette bonne mère est *tou* douceur, *tou* patience, *tou* empressement, *tou* intelligence ; *tou* industrie pour soulager son enfant malade. Elle est *tou* en sueur. Mes fleurs sont *tou* aussi belles que les vôtres. Ces enfans sont *tou* aussi grossiers que s'ils n'avaient reçu aucune éducation. La Grèce, *tou* sage et *tou* éclairée qu'elle était ne connaissait pas le vrai Dieu. Adèle marche *tou* de travers.

Il se soumet lui-même aux caprices d'autrui,
Et ses écrits *tou* seuls doivent parler pour lui.
C'est là ce qui fait peur aux esprits de ce temps.
Qui, *tou* blancs au dehors, sont *tou* noirs au dedans.

La liberté d'écrire a des bornes, comme *tou* autre espèce de liberté. Si nous avions été *tou* aussi imprudents que vous, on nous aurait *tou* blâmés. *Tou* raisonnables que paraissent vos amies, elles n'ont cependant pas voulu entendre raison. Ces dames sont *tou* à Dieu, *tou* à leur devoir. Ta sœur t'embrasse et se dit *tou* à toi. Evitons avec soin *tou* péché *tou* faute volontaire et combattons *tou* les penchans *tou* les inclinations qui nous portent au mal.

96ᵉ **EXERCICE**. (Gram. nᵒˢ 262 - 263 - 264 - 265.)

Les élèves corrigeront les mots en italique.

Quel peines, *quel* chagrins ne vous seriez-vous pas épargnés si vous aviez suivi nos conseils ! *Tel* nous aurons vécu, *tel* nous mourrons. Tremper ses mains dans le sang innocent, *quel* cruauté, *quel* barbarie ! *Quel* feu, *quel* naïveté on remarque dans certains auteurs ! *quel* source de la bonne plaisanterie ! *quel* imitation des mœurs, *quel* images et *quel* fléau du ridicule. Je vous parlerai dans *quelque* jours. *Tel* vous aurez été dans l'enfance, *tel* vous serez dans la vieillesse. *Quelque* progrès que vous ayez faits, *quelque* distinctions que vous ayez obtenues, n'oubliez jamais que la modesti e embellit le mérite. *Quelque* grands biens que vous poss é-diez, la mort vous en dépouillera *quelque* jour. Les rois, *quelque* puissants qu'ils soient sont sujets à la mort. Les peines de cette vie, *quelqu'elles* soient ne sont point en rapport avec la félicité de l'autre. *Quelque* science et *quelque* talens que vous ayez, mes amis, vous ne devez *jamais* vous glorifier en vous même. Les pauvres filles, à cette nouvelle, demeurèrent *tou* interdites et *tou* honteuses. *Quelque* soient les humains, il faut vivre avec eux. *Quelque* richesses que vous ayez amassées, vous n'emporterez au tombeau qu'un linceul et *quelque* planches. Votre absence, *quelque* profonds regrets qu'elle me cause a été pour moi un bienfait de la Providence. *Quelque* perverses que soient les inclinations du cœur humain, avec du courage on peut les changer. Adam, lorsqu'il mourut, avait *quelque* neuf cent trente ans. Il n'y a que *quelque deux cent* ans que ce palais a été bâti. *Quelque* fussent vos vues vous n'en êtes pas moins regardé comme coupable. *Quelque* soit le mérite, *quelque soit* les talens *quelque* soient les vertus apparentes d'un homme, ne vous hâtez point de lui donner votre confiance. *Tel* vous êtes, mesdames, *tel* vous pensez que les autres sont. Ne jugez jamais personne, parceque *tel* vous croyez méchants qui sont bons et *tel* vous croyez bons, qui peuvent être méchants. Vous devriez savoir de *quel* importance il est pour vous de remplir exactement vos devoirs. *Tou* les hommes, *quel* qu'ils soient sont égaux devant Dieu. *Quelque* soient ses penchans, le sage les surmonte. *Quelqu'*attention *quelqu'*assuidité, *quelqu'*application que j'apporte à mes devoirs ils sont toujours imparfaits. *Quelqu'*empressée que *j'ai* pu être j'ai encor été prévenue. Vous devez attribuer votre mal à *quelqu'*imprudence à *quelqu'*excès de travail qui vous aura échauffé le sang. Donnez vos avis à *quelqu'*autre qu'à lui.

97e **EXERCICE** (Gram. depuis 266 jusqu'à 270.)

Les élèves complèteront ou corrigeront les mots en italique.

C'est Elise qui sera rosière, Julie ne l.... sera pas. Si tu n'étais pas la première de ta classe Camille l.... serait. Les conseils qui plaisent sont toujours l.... mieux *suivi.* Mesdames, êtes-vous les maîtresses de la pension? — Nous l.... sommes. Les choses qui étaient l... plus agréables aux saints étaient celles qui l... *conduisait* à Dieu. Il a traversé la rivière à l'endroit où elle est l... moins rapide. Les arts l... plus utiles ne sont pas toujours l... plus considérés. Le meilleur maître est celui dont les leçons sont l... mieux comprises. Cet auteur

embrasse trop *d*..faits , *d* ... détails, *d* ... matières dif-
ferentes. Que je suis malheureuse ! ô Dieu que je *l*...
suis ! — Vous me croyez malade ; mais je ne *l*... suis pas.
Vous me prenez pour la marraine , je ne *l* ... suis pas.
Etes-vous les éléves des Sœurs ? — Nous *l*... sommes.
Vous croyez que je serai supérieure , je ne *l*... serai pas.
Si on allait à la promenade , *on* en aurait bien *d*.. plaisir ; elle nous ferait beaucoup *d* ... bien. *L'on* a reçu des
lettres ; j'ignore *si l'on* les lira publiquement aux enfans.
Dites moi *où on a* été chercher de l'encre et *si on en* donnera à toutes ? Elles ont mis chacune *ses* effets dans *sa*
malle. Chacune *placeront leurs* livres dans *leur* pupitre.
Ces plumes me coûtent quatre sous *chaque*. Il faut que
chacune de nous se *rangent* à *leur* place. Mettez chacun de
ces livres à *leur* place. Elles ont été recompensées chacune selon son mérite. Chacune mangea et but selon
son appétit. Il serait à désirer *qu'on* comprit toutes ces
règles et *qu'on* composât avec plus d'agrément *que l'on*
ne le fait d'ordinaire. *Si on* rit, *si on* parle, *si on* est dis-
trait pendant l'étude, *l'on* sera puni. Je ne veux pas *qu'on*
conteste pour si peu de chose. *L'on* ne doit jamais mentir *si on* aspire à l'estime de ses semblables. Nous ne sau-
rions faire *aucunes actions* dire *aucunes paroles*, concevoir
aucune pensée qui ne *soient* ou commandées ou défendues.
Nuls de ces enfans ne *s'appliquent*, *nuls ne seront récompensés*. Il n'y aura dans le ciel *nulles* ténèbres, *nulles igno-
rances*, nous verrons *clairs* et nous saurons *toute chose*.

98e **EXERCICE.** (Gram. nᵒˢ 271 - 272 - 273 - 274)

*Les élèves désigneront les sujets des verbes ci-dessous, et
feront l'accord.*

La plupart des jeunes impies qui veut critiquer la
religion n'en connait pas même les premiers élémens.
C'est la justice et la charité qui doit nous engagé à aimé
notre prochain comme nous-même. Ni Ferdinand ni
Charles ne pourra arriver ce soir à cause du mauvais
temps. Beaucoup de gens voudrait allé au ciel ; mais
peu en prend le chemin. L'enfant, ainsi que les jeunes
arbres ont besoin de support. La prudence, la sagesse ,
la bonté, la justice des rois peut seule faire le bonheur

des peuples. La valeur et l'intrépidité de ce général étonnent les plus braves. La naissance, ainsi que la mort sont un mystère de la nature. Votre bonté, votre aménité, votre douceur, sont connues de tout le monde. Charlemagne et Louis XIV, les deux plus grands monarques que la France ait eu, honorait les lettres : ni l'un ni l'autre ne laissait les savans sans récompense. La vie de l'homme, ainsi qu'une vapeur légère ne durent qu'un moment. L'homme le plus robuste ainsi que le plus faible, ne doivent point compter sur un moment assuré d'existence ; une goutte d'eau, une vapeur, un rien suffisent pour la terminer. Une infinité de jeunes gens se perd parce qu'ils lisent de mauvais livres. Ni Jules ni Albin ne sont mon parrain. Il n'y a rien que la haine et la jalousie ne fassent dire contre ceux qui en sont l'objet. La multitude des ignorants surpassent le petit nombre de ceux qui sont instruits. La foule des jeunes gens qui se précipitent dans le mal, entraine dans le précipice le petit nombre de ceux qui cherchait à l'éviter. Ni votre tante ni la mienne ne seront nommées Supérieures du couvent. Ni Catherine ni Thérese ne sera admise à la pension.

99ᵉ **EXERCICE** (Gram. nᵒˢ 275 - 276.)

Les élèves désigneront les complémens directs des participes ci-dessous, et feront l'accord.

La Géométrie est une science moins difficile que je ne l'aurais crue. La misère que nous avions cru si grande dans les provinces du centre, est bien moindre qu'on ne nous l'avait annoncée. Les provisions que nous avions ordonnées qu'on nous prépara, sont moins considérables que nous ne l'avions crues : je ne pense pas qu'elles soient suffisantes pour le voyage que nous nous sommes proposées de faire. Si la dentelle que vous aviez si long-temps attendue et que vous avez enfin reçue n'est pas aussi belle que vous l'auriez désirée, c'est que les personnes que nous avons eues à contenter sont en grand nombre. Si la récompense que vous avez pensée que vous recevriez n'est pas aussi considérable que vous l'auriez souhaitée, c'est que vos efforts pour la mérité,

n'ont point été proportioné à ce que vous vous atten-
diez. Les vents qui ont soufflés et les pluies qu'il a faites
ont entièrement dérangés les travaux de la campagne.
L'affaire ayant été jugé plus grave qu'on ne l'avait cru
d'abord, on envoya ma sœur à Paris pour la terminé. Le
règne de Louis le Grand a été un des plus glorieux qu'il
y ait eus en France. La sagesse et l'industrie des Chinois
sont bien moindres que quelques auteurs ne l'on avan-
cée. Les inquiétudes que j'ai eues pour vous ont étées
bien plus sérieuses que vous ne l'auriez soupçonnée. Ces
éléves ont reçu une récompense plus précieuse qu'elles
ne l'avaient espérées. Ces deux enfans n'ont pas été surpris de l'arrivée de leur mère ; ils l'avait même annoncé
Cette personne n'est pas aussi instruite que je l'avais
pensée. Cette racine est moins salutaire que vous me l'a-
viez assurée. La nouvelle s'est trouvée vraie comme
vous l'aviez jugée.

100ᵉ **EXERCICE**. (Gram. nᵒˢ 277 - 278 - 279 - 280 - 281.)

*Les éléves désigneront les complémens directs des partici-
pes ci-dessous, et feront l'accord.*

Le peu de monnaie que vous m'avez donnée n'a pas
suffit pour payer mes livres. Le peu de précautions que
vous avez pris vous a fait échappé au danger qui vous
menacaient. Le peu de précautions que vous avez pris
vous a faite tombé dans le piége que vous avaient ten-
dus vos ennemis. Le peu de maux que vous avez souffert vous a appris à plaindre ceux qui souffre. J'ai entendu le peu de mots que vous avez prononcé et que
chacun cependant ont beaucoup applaudi. Je suis très-
reconnaissante des services que vous m'avez rendue ;
quant aux marchandises que vous m'avez expédiée, j'en
ai reçues une partie. Un de vos amis est venu me prier
de lui prêté quelqu'argent pour pouvoir subsisté jusqu'au remboursement de celui qui lui est du ; je lui ai
donné le peu de monnaie qui m'était resté. Parmi le
grand nombre de personnes qui ce sont présenté pour
avoir des places, je n'en ai vues que deux qui en aient
obtenues. Un des jeunes gens que vous avez vu l'année
dernière a été reçu docteur en médecine. La crainte de

faire des ingrats, ou le déplaisir d'en avoir trouvés ne doit jamais nous empêchés de faire le bien. Vous avez cueilli plus de fruits que je n'en ai mangés. Nous nous étions imaginé que vos frères nous avaient oublié ; cependant les deux lettres que nous en avons reçu nous ont prouvé le contraire. Vous nous avez demandé des marchandises dont nous étions dépourvus, nous en avons reçues aujourd'hui qui vousconviendront. Félicie est charmante : les marques d'amitié que nous en avons reçu nous ont beaucoup flatté. Cet auteur a plus écrit de livres que vous n'en avez lu. La renommée que Virgile a décrit d'une manière si brillante, est un morceau au dessus de toutes les imitations qu'on en a fait. Autant d'ennemis il a attaqué, autant il en a vaincu. Le peu d'amis que j'ai recontré m'ont rendu tous les services qu'ils ont pus.

10$1_e$ **EXERCICE**. (Gram. n$_{os}$ 281 - 282 - 283.)

Les élèves corrigeront les fautes qu'elles reconnaitront dans les phrases ci-dessous.

Je serai riche, si j'avais les sommes que cette métérie vous a coûtées. Julie serait plus instruite si elle avait travaillé pendant les heures qu'elle a dormies. Les reproches que ta conduite t'a valu me déchirent le cœur. Nous avons donné a ces éléves plus de récompenses que nous ne leur en avions promi, c'est qu'elle en ont méritées plus que nous ne leurs en avions annoncées. Ma ferme ne vaut plus aujourd'hui les cinquante mille francs qu'elle a valus et qu'elle m'a coûtées. L'hospice des Quinze-Vingt est une des plus belles fondations qu'est enfanté le règne de St. Louis. Vous ne sauriez croire les peines que cette entreprise m'a coûté et les risques que j'ai couru pour la faire réussir. Nous avons laissé a nos fermiers le peu de légumes que nous avions récolté cette année. Nous avons laissé ces étrangers nous débiter tous les comptes qu'ils ont voulus. L'enfant, en avançant en âge devient plus précieux ; au prix de sa personne, se joint celui des peines qu'il a coûté. Le peu de bienveillance qu'on vous à témoignée vous a rendu mélancolique, ma cher amie. Que de soupirs

et de larmes vous m'avez couté mes enfans, que d'af-
fronts et de mauvais traitemens vous m'avèz valu ! Je
me chargerai de vos affaires quan vous le voudrez ;
quan à celles de votre amie, c'est différent. Il faut plaindre les imbécilles plutôt que de s'en moqué. Je me rendrai auprès de vous quan je le pourrai ; plutôt peut-
être que vous ne pensez : quan a Celestine, elle ne
pourra m'accompagnée ; des occupations pressantes la
retienne. Puisque nous devons mourir un jour, qu'importe que ce soit un peu plutôt ou un peu plutard. La
compassion se trouve plutôt chez les malheureux que
chez les gens habituées aux délices de la vie. Je désirerai m'entretenir avec Camille plutôt qu'avec Augusta :
quan a Félicie, je m'en soucierai encore moins. Nous
commencerons ensemble notre devoir, mais je pense
que vous aurez fini plutôt que moi quan même je me
dépêcherai plus que vous, car vous êtes bien plus habile
et bien plus expéditive que je ne saurai jamais l'être.

SUJETS DE COMPOSITIONS

POUR

LE SAMEDI DE CHAQUE SEMAINE.

Les Élèves écriront alternativement l'un des Traits d'histoire sainte et l'une des Lettres indiquées ci-dessous.

1. Histoire de la création du monde.

2. Sabine, jeune fille de 12 ans, en pension dans sa ville natale, écrit à sa maman pour la prier de lui envoyer divers petits objets dont elle a besoin soit pour écrire soit pour broder. Elle lui exprime le désir de faire un petit ouvrage pour la fête de son papa, et le surprendre agréablement etc.

3. Paradis terrestre et formation d'Ève.

4. Sabine écrit à sa sœur ainée une lettre bien affectueuse pour lui dire que, étant allée à la promenade avec les autres pensionnaires, elle a eu l'étourderie de perdre son sac à ouvrage dans lequel se trouvaient des ciseaux, un dé, un étui, objets qui lui sont indispensables pour travailler ; elle la prie de les lui remplacer au plus tôt et lui promet d'être plus soigneuse à l'avenir.

5. Désobéissance d'Adam, et la punition qui en fut la suite.

6. Camille, âgée de 14 ans, écrit à sa tante marraine pour la remercier d'un joli châle qu'elle en a reçu, ainsi que des bonbons que lui ont envoyés ses deux cousines. Elle se réjouit de l'espérance qu'on lui a donnée de les voir bientôt avec sa chère tante qui doit les amener au couvent , etc.

7. Abel immolé par son frère.

8. Césarine, agée de **13** ans, écrit à son papa pour lui témoigner la douleur qu'elle a ressentie en apprenant qu'il est gravement malade ; le désir qu'elle aurait de le servir conjointement avec sa mère, les neuvaines qu'elle fait pour sa guérison, etc. Elle lui envoie la médaille miraculeuse, et lui raconte les prodiges opérés par Marie au moyen de cette médaille, etc.

9. Déluge, Arche de Noé.

10. Camille à sa tante marraine pour la prier d'accepter une paire de porte-montre qu'elle *lui* a brodés ainsi qu'un col pour chacune de ses deux cousines qu'elle attend avec impatience, etc, etc.

11. La tour de Babel.

12. Césarine toŭrmentée d'avoir passé huit jours sans recevoir des nouvelles de son père, s'adresse à sa tante pour la prier de la tenir au courant à la place de sa mère trop occupée et qu'elle craint de voir succomber à la fatigue et au chagrin, etc.

13. Abraham sacrifie son fils unique.

14. Sabine à ses parens pour les prier de ne point la retirer encore du couvent. Elle leur expose le besoin qu'elle aurait de quelques mois de plus pour se perfectionner à l'écriture et au calcul, et se rendre ainsi plus utile dans leur magasin.

15. Esaü vend son droit d'aînesse à Jacob, pour un plat de lentilles.

16. Mme Clément répond à sa nièce pour la rassurer et lui annoncer la pleine convalescence du cher malade ; elle calme ses inquiétudes au sujet de sa mère, qui se porte bien malgré ses embarras. Elle lui fait l'éloge de la conduite qu'ont tenue ses deux frères et sa petite sœur, dans cette triste circonstance.

17. Jacob reçoit la bénédiction de son père.

18. Mr Marchand répond à Sabine, qu'il ne peut qu'approuver les motifs qui l'ont portée à demander de différer sa sortie du couvent; qu'il est bien convaincu que quelques mois lui seraient nécessaires pour achever son éducation, mais que, sa maman étant obligée de faire un voyage assez long, il se voit contraint de retirer sa fille pour la remplacer au magasin ; etc.

19. Joseph est vendu par ses frères.

20. Césarine à sa tante, pour la remercier de la bonne nouvelle qu'elle en a reçue. Elle lui dit que, dès qu'elle a eu envoyé la médaille, elle n'a plus douté du rétablissement de son cher papa, et que sa confiance en Marie n'a jamais été trompée. Elle la charge de ses tendres commissions pour toute la famille, etc.

21. Joseph devient premier ministre de Pharaon, roi d'Égypte.

22. Amélie à son frère qui vient d'être placé au collége. Elle prend part au chagrin qu'il éprouve d'être séparé de ses chers parens et le console de son mieux, l'engage à prendre généreusement son parti, l'invite à lui écrire souvent, etc.

23. Jacob envoie ses fils en Égypte pour y acheter du grain.

24. Henri répond à sa sœur Amélie pour lui confier ses ennuis, la peine qu'il trouve à s'habituer à la vie du collége, les difficultés qu'il rencontre dans ses études, la contrariété qu'il éprouve de ne pouvoir jouer quand la fantaisie lui en prend. Il lui demande comment elle a pu faire pour s'accoutumer au silence et au travail, elle qui aimait tant à babiller et à ne rien faire.

25. Joseph éprouve ses frères, et s'en fait reconnaître.

26. Césarine à son frère Prosper pour lui exprimer la joie que lui a causée sa belle conduite pendant la maladie

du cher papa ; elle l'assure qu'elle a redoublé de tendresse pour lui ainsi que pour Emile et Léonie qui ne criaient jamais et ne marchaient que sur la pointe des pieds de de peur d'incommoder le papa , etc.

27. Dieu donne sa loi aux Hébreux sur la montagne de Sinaï.

28. Amélie répond à son frère Henri pour l'encourager. Elle lui fait envisager les précieux avantages qu'il retirera un jour de ce qui actuellement lui fait tant de peine. Elle lui dit que ces considérations l'ont encouragée elle-même dans une circonstance semblable , et que , pour abréger le temps de la séparation et avancer celui de la réunion, elle travaille avec courage , etc , etc.

29. Histoire de Ruth.

30. La petite Mariette écrit à son oncle et à sa tante de la part de sa mère , pour les inviter à venir passer chez elle, la dernière quinzaine de septembre. Elle leur exprime la joie dont elle est transportée en pensant qu'ils amèneront avec eux ses petites cousines qui lui rendront doublement agréable le temps des vacances etc.

31. Histoire de Samuël.

32. Mr Dubois répond à Mariette que, sensible à l'aimable invitation de sa belle sœur, il s'empresse de s'y rendre avec sa famille dès que les vendanges seront terminées, et qu'il amènera aussi Frédéric, son neveu et son pupille, sorti du collége pour prendre ses vacances etc.

33. Jonathas et David modèles d'une véritable amitié.

34. Laurette, jeune orpheline âgée de 11 ans, écrit à une tante qui lui tient lieu de mère, pour lui annoncer qu'étant à la veille de faire sa première communion, elle lui demande une bénédiction qu'elle est privée de

recevoir de sa mère et qu'elle recevra avec bonheur de celle qui la remplace si bien, etc.

35. David triomphe du géant Goliath.

36. Amélie à son frère, pour lui exprimer la douleur qu'elle a ressentie en apprenant qu'il est atteint de la rougeole ; qu'elle ne se console qu'en priant pour lui pendant la neuvaine de St. F.-Xavier. Elle l'exhorte à la patience par l'espoir d'une prompte guérison, et tâche de l'égayer par quelque récit intéressant.

37. Enfans dévorés par les ours pour s'être moqués du Prophète Élisée.

38. Mariette à son frère Jules, pour le féliciter du bonheur qu'il a eu de faire sa première communion. Elle l'engage à conserver précieusement le fruit de cette grande action, lui rend compte d'une Retraite donnée à sa pension par un fervent Missionnaire, lui fait part de ses pieux projets pour l'avenir, etc., etc.

39. Naaman guéri de la lèpre.

40. Louise écrit à sa cousine Léonie qu'ayant appris la détermination de ses parens de la mettre au couvent, elle la prie de les engager à préférer celui où elle se trou-ve elle-même si heureuse, qu'elle se fera une fête de l'accueillir, de lui adoucir les premiers momens d'en-nui, etc.

41. Le roi Cyrus.

42. Léonie répond à Louise que ses parens se rendent avec joie à sa bienveillante proposition, et que bientôt elles auront le plaisir de s'embrasser et de vivre ensemble dans une douce intimité, etc, etc.

43. Histoire du vieux Tobie.

44. Mme Blanc, habitant la campagne, écrit à Mr Poivre, épicier, que, ne pouvant se rendre à la ville, elle le prie de remettre pour elle à son fermier 6 kil. de

café Moka , 20 kil. de riz , et 25 kil. de savon blanc marbré ; de lui marquer le prix de ces denrées dont elle portera le montant à son premier voyage. Des complimens pour madame, des caresses pour les enfans , etc.

45. Histoire du jeune Tobie.

46. Mr Poivre répond à Mme Blanc, qu'il est très flatté de la confiance qu'elle lui témoigne, et qu'il s'efforcera toujours de mériter. Il pense qu'elle sera satisfaite de son envoi dont elle en verra le prix dans la facture jointe à sa lettre. Il répond à ses politesses pour sa femme et ses enfans, etc.

47. Histoire de Judith.

48. Mlle Brisetout à Mme Potier, marchande de faïence pour lui demander 2 douz. d'assiettes, deux soupières, six plats ronds et autant de carrés, en terre de pipe ; plus, 4 caraffes et 6 salières en cristal, le tout de bonne qualité et à un prix modéré. Elle envoie sa servante pour prendre et payer la marchandise.

49. Histoire d'Esther.

50. Mr Roux écrit à la supérieure pour lui annoncer que sa belle mère, dangereusement malade, demande à voir sa petite Eugénie ; qu'il sollicite donc la permission de la faire sortir quelques jours après lesquels il s'empressera de la reconduire au couvent. Il envoie son domestique pour la prendre.

51. Triomphe de Mardochée et punition d'Aman.

52. Eugénie à sa maîtresse pour lui annoncer la mort édifiante de sa grand'mère dont elle lui donne quelques détails, lui dépeint l'affliction de la famille et l'impossibilité où elle se trouve de quitter sa maman que la douleur a rendue malade. Elle sollicite des prières, etc

53. Histoire de Daniel.

54 La Maîtresse répond à Eugénie , et lui témoigne de l'intérêt, de l'amitié etc,

55. Les trois enfans dans la fo urnaise.

56. Etiennette écrit à sa maman pour lui donner de ses nouvelles, après une légère indisposition qui l'a retenue huit jours à l'infirmerie où elle a reçu les soins]es plus touchans, etc.

57. Histoire de Jonas.

58. Angélique à sa mère pour lui envoyer le compte de ses petites dépenses et la prier de lui faire passer quelques chemises et deux robes, celles qu'elle a étant devenues trop courtes par l'accroissement rapide de sa taille.

59. Pénitence des Ninivites.

60. Henriette, sortie pour remettre sa santé, écrit à ses maîtresses comment elle se trouve des remèdes et de l'air de la campagne. Elle leur exprime sa reconnaissance, son tendre attachement et le désir d'aller bientôt reprendre ses études, etc.

61. Histoire d'Éléazar.

62. Réponse de la Maîtresse.

63. Martyre des Machabées.

64. Les bonnes amies d'Henriette lui écrivent pour lui témoigner le plaisir qu'elles ont eu en recevant des nouvelles satisfaisantes de sa santé, elles lui parlent des prières qu'elles font pour sa guérison et son prompt retour, etc, etc.

65. Annonciation de la Ste Vierge.

66. Réponse d'Henriette qui fait à ses amies le détail de ses occupations, de ses promenades et surtout d'un pieux pélérinage à N. D. de Graces dont elle espère les les plus heureux résultats pour sa santé, etc, etc.

67 Marie chez sa cousine Élizabeth.

68. Madame Durand écrit à sa fille Angélique pour lui envoyer les chemises et les robes qu'elle lui a de-

mandées, elle y joint d'autres petits objets qui peuvent lui être agréables ; lui fait de tendres recommandations pour sa conduite, l'ordre, l'économie et le soin de ses petits effets, etc.

69. Naissance de J. C.

70. Angélique à sa maman pour la remercier et lui promettre de profiter de ses avis. Elle lui dit qu'elle va coudre ses chemises et ses robes afin de devenir une ouvrière assez habile pour éviter désormais la dépense d'en faire venir une dans la maison paternelle, etc, etc.

71. Adoration des Mages.

72. Denis à sa sœur Sophie pour la prévenir qu'il se dispose à partir incessamment pour Paris où il va continuer son cours de droit. Il lui parle de ses regrets en quittant tout ce qu'il a de plus cher, se recommande à ses prières, et lui demande ses commissions pour la capitale.

73. La fuite en Égypte.

74. Sophie à Denis qu'elle regrette de tout son cœur, et qu'elle ne peut voir sans frémir lancé tout-à-coup dans cette Babylone où se perdent tant de jeunes gens. Elle lui demande pour toute grâce de faire dire à son intention, trois messes à N. D. des Victoires, et de porter toujours sur lui la médaille miraculeuse, etc.

75. Jésus à Nazareth.

76. Henriette, après être rentrée à la pension, écrit à ses parens pour leur rendre compte de son voyage et de l'accueil qu'elle a reçu de ses maîtresses, etc.

77. Baptême de Jésus.

78. Melle Rigaud à un négociant de Lyon pour le prier de lui envoyer plusieurs articles en mercerie dont elle lui fait l'énumération. Elle demande que cette marchandise soit livrée au prix le plus modéré, lui promettant de

lui donner la préférence pour approvisionner son magasin si elle est contente de cet envoi.

79. Jésus au désert.

80. Réponse, facture et envoi du négociant.

81. La Samaritaine.

82. Mme Bertrand à la Supérieure pour lui demander une place dans son pensionnat pour sa petite Élise, âgée de 10 ans, dont elle lui dépeint la santé, le caractère et les dispositions naissantes. Elle demande des détails sur le prix de la pension, le trousseau, etc, etc.

83. L'enfant prodigue.

84. Réponse obligeante de la Supérieure.

85. Le mauvais Riche.

86. Clémentine, à son oncle, Curé de Gros-bois; pour le remercier des bontés qu'il a eues pour elle lorsqu'elle était auprès de lui. Reconnaissance de ce qu'il veut bien payer sa pension et remplacer le père qu'elle a perdu, etc. Elle n'oublie pas la bonne Manon, etc.

87. La parabole des Talens.

88. Réponse de M. le Curé pleine d'affection, d'intérêt et de bons avis pour sa nièce.

89. Zachée.

FIN.

par le tiers de la hauteur.

Queſtion huitieme. Trouver la capacité d'une pyramide tronquée. Prenez la ſomme des deux baſes : ajoutez-y un nombre moyen géométrique entre ces deux baſes ; cette ſomme multipliée par le tiers de la hauteur, donnera la ſolidité requiſe.

Exemple. L'aire de la baſe ſupérieure eſt 2. 71. celle de la baſe inférieure eſt 6. 12. la hauteur eſt 33 pouces. Prenez la ſomme de ces deux aires 8· 83, & joignez-y l'aire moyenne géométrique 4. 07. la ſomme des

9 782014 450033